D0609596

Jorge Luis Borges
La literatura como
tierra propia

Augusto Pinilla

100
personajes · autores

PANAMERICANA
E D I T O R I A L

Pinilla, Augusto, 1946 -
     Jorge Luis Borges / Augusto Pinilla. — Bogotá:
Panamericana Editorial, 2004.
     140 p. ; 21 cm. — (Personajes)
     ISBN 958-30-1402-8
     1. Borges, Jorge Luis, 1899 – 1986 I. Tít. II. Serie.
928.6 cd 20 ed.
AHU8049

     CEP-Banco de la República-Biblioteca Luis Ángel Arango

Editor
Panamericana Editorial Ltda.

Dirección editorial
Conrado Zuluaga

Edición
Pedro José Román

Diseño, diagramación e investigación gráfica
Editorial El Malpensante

Cubierta: *Jorge Luis Borges*. Foto: Sara Facio

Primera edición, enero de 2005
© Panamericana Editorial Ltda.
     Texto: Augusto Pinilla
Calle 12 N° 34-20, Tels.: 3603077–2770100
Fax: (57 1) 2373805

Correo electrónico: panaedit@panamericanaeditorial.com
www.panamericanaeditorial.com
Bogotá D. C., Colombia

ISBN 958-30-1402-8

Impreso por Panamericana Formas e Impresos S.A.
Calle 65 N° 95-28, Tels.: 4302110–4300355, Fax: (57 1) 2763008
Quien sólo actúa como impresor.
Impreso en Colombia
Printed in Colombia

" El hoy fugaz es tenue y es eterno, otro cielo no esperes ni otro infierno".

Jorge Luis Borges

Propósito principal

La vida de Borges y lo que ocurrió entre vida y literatura con relación a este autor nacido en Buenos Aires el 24 de agosto de 1899, serán los temas de este libro. "Para mí, encontrar a Borges fue como encontrar la literatura viva", declaró Bioy Casares hacia 1990, sesenta años después de conocer a Borges y llevar a término con él muy significativas empresas de arte literario. ¿Quiere decir Bioy que la literatura hasta entonces conocida por él le pareció muerta con el encuentro? ¿O que había encontrado a alguien que le parecía la literatura en persona?

Es esto de la literatura considerada a través de Borges, pero a partir de datos precisos sobre su vida, lo que intentamos: biografía como historia de la vida de alguien y ensayo como análisis y crítica de su obra artística, que fue la de su identidad pública y universal. Nos preceden numerosos ensayos de toda vanidad y otros tantos con aciertos considerables, pero a pocos años de su muerte contamos con su autobiografía y cerca de una decena de biógrafos, aparte del arsenal de entrevistas peregrinas que prodigaron revistas y periódicos con los visitantes de sus últimos años.

Tempranas biografías

El título más acertado para definir el tipo de libro que Borges provoca es el de Emir Rodríguez Monegal, *Biografía litera-*

ria. Pero el de Volodia Teitelboim, tomado del poeta mismo, *Los dos Borges*, con el subtítulo "Vida, sueños, enigmas", resulta más justo para todo lo que Borges puede significar. *Esplendor y derrota* como definición de su triunfo artístico y su destino, que son el concepto sustentado por la biografía que le dedicó su amiga María Esther Vásquez, parecieran abarcar sólo sus años últimos, pero el libro incluye toda la vida y obra y abundante información directa y de primera mano. Menos logrados, quizá por mayores intereses con relación al biografiado, aunque no menos útiles en lo antropológico, con todas sus indiscreciones y digresiones, resultan *Borges a contraluz*, de la escritora Estela Canto, y *Borges, biografía total*, de Marcos Ricardo Barnatán.

Schopenhauer primero, Stendhal después y ahora Elías Canetti, han considerado que el concurso de la obra literaria en la historia comienza 100 años después de muertos los autores, cuando ya nadie puede quitar o añadir nada. Borges creyó que bastaban 50. Estas biografías tempranas surgen 50 años después de publicarse sus libros más importantes, para él y muchos de sus lectores, que son sus colecciones de relatos *Ficciones* (1944) y *El Aleph* (1949). Entonces, según su exigencia para merecer el concurso universal, hace ya 50 años está publicado lo principal de su obra y podemos considerar que ha durado lo bastante para iniciar estas páginas a partir de sentencias dichas sobre él y dichas por él sobre personas y autores.

Sus antepasados, Argentina e Inglaterra

"Borges vale el viaje", apostó Pierre Drieu La Rochelle, uno de sus amigos más controvertidos. Agregamos que lo vale en lo personal y lo artístico, por lo mucho que completa y rompe modelos en ambos sentidos. Su abuelo paterno, Francisco Borges, fue comandante en jefe de las fronteras del norte y el oeste de la provincia de Buenos Aires y murió entre líneas enemigas en el lugar llamado La Verde. El abuelo de doña Leonor Acevedo, la madre, fue el coronel Isidoro Suárez, director de la carga de caballería que decidió la batalla de Junín.

Su abuela paterna, Frances Haslam, procedente de Northumbria y nacida en Staffordshire, llegó a Buenos Aires como cuñada del ingeniero introductor de los tranvías tirados por caballos. De carácter legendario y gran lectora hasta morir, Borges la recuerda en su "Otro poema de los dones" con la anécdota donde pidió perdón a sus hijos por morir tan despacio, y en "Historia del guerrero y de la cautiva", hecho real donde ella dialoga con otra inglesa que ha venido a parar en lo salvaje de la pampa, unida con un jefe indio, como lo está ella con un jefe de la ciudad. Entre los autores que prefirió, Bennet, Galsworthy, H. G. Wells, quizá sea este último la mejor influencia para su nieto, en lo enciclopédico y lo fantástico.

El coronel Suárez, abuelo de la madre, era primo segundo de Juan Manuel de Rosas, pero eligió el exilio en Uruguay y la pobreza, mejor que la tiranía en Buenos Aires. También de la familia de doña Leonor surge el héroe trágico de su "Poema conjetural", el doctor Francisco Narciso de Laprida, muerto en 1829 en la guerra civil y presidente del Congreso que en 1816 declaró la independencia de la Confederación Argentina.

Padre y madre

El tío abuelo de Jorge Guillermo, el padre, fue Juan Crisóstomo Lafinur, uno de los primeros poetas argentinos. Fue también primo de Álvaro Melián Lafinur, considerado un poeta menor y que es aquel a quien tocaron, como a todos los hombres, malos tiempos en que vivir, en el ensayo de Borges sobre la refutación del tiempo. Jorge Guillermo era lector de Shelley, Keats y Swinburne y traductor de la versión de Edward Fitzgerald sobre la Rubaiyat, de Khayyam, aparte de autor de una novela titulada *El caudillo*, sobre la historia de Entrerríos, publicada en Mallorca en 1921. Trajo hasta su hijo la poesía viva con Evaristo Carriego, Pedro Bonifacio Palacios (*Almafuerte*) y le dejó como herencia su amigo íntimo desde la universidad, Macedonio Fernández. También era lector de ciencia y profesor de psicología en inglés, aunque su hijo fue capaz de confesar que no creía en ella.

La familia consideró tácito que Jorge Luis cumpliría el destino literario negado a su padre. Pero esta comprometedora propuesta que se realizó con tal abundancia, aportaba desde la raíz una plenitud de elementos: la costumbre familiar de tres lenguas, el eco en la sangre de la leyenda patria y la leyenda heroica, la sangre y la literatura inglesas y Portugal, en la vaga historia del apellido Borges y el inicio de la perspectiva científica, que asombra a su biógrafo Teitelboim e integra gran parte de la especulación dedicada a la matemática transfinita en *El retorno de los brujos*, de Pauwels y Bergier. Pero, además, y especialmente, parecen haberlo dotado de valor, modestia y espíritu autocrítico.

Por su padre, cree Borges que bondad y gran inteligencia son inseparables. La madre, Leonor Acevedo, es, según su propia confesión, la real traductora de *Orlando* de Virginia Woolf y *Las palmeras salvajes* de William Faulkner, trabajos firmados por él. Lo menos que debe decirse es que algunas fotos y deducciones posibles revelan cómo, con todo el contratiempo que haya ella significado para las amistades femeninas de su hijo, tuvo una conciencia de responsabilidad y una estatura moral, que pueden ser el mejor sustento de la resistencia del poeta, mientras vivió y después de ella, desde un esfuerzo y una lucidez superiores a sus años. Estela Canto refleja cómo Leonor fue determinante en los cambios decisivos de su hijo. El error de animarlo a casarse con aquella novia de juventud, Elsa Astete Millán, que lo expuso a situaciones más que sorprendentes, como obligar a que se duplicara el precio ya establecido para una conferencia universitaria en Norteamérica, sin enterarlo por supuesto, es más error del destino que de la protectora madre. Ahí hay que suponer la intención de dejarlo con alguien, antes de que Leonor muriera. Debemos recordarla en su resistencia contra Perón, que le haría pensar en la dictadura de Rosas y en su casa por cárcel y la hija en prisión y el hijo clandestino, en aquellos días. El examen de los viajes en que lo acompañó podría demostrar que arriesgaba mucho, para sus años. Aprendió el inglés después de casada y casi no volvió a leer en otra lengua. Es recuerdo de su hijo que siempre quiso ver el mejor lado de los otros.

También recuerda Borges que Leonor prohibía leer a José Hernández, autor de *Martín Fierro*, con argumentos como para favorecer a Güiraldes, pero el motivo real era que Hernández apoyó al dictador Rosas. Borges nació en casa de sus abuelos maternos en Buenos Aires, en la calle Tucumán, entre Suipacha y Esmeralda. Después se mudaron a Palermo, entre Serrano y Guatemala, arrabal norte de la ciudad, de gentes bien venidas a menos y algunas no tan recomendables, recuerda Borges, siempre más modesto que sus biógrafos y admiradores para considerarse socialmente. Era también el Palermo de compadritos, del cuchillo en el valor por el valor, que le sería peculiar literatura, pero entonces nada sabía de esto.

La infancia:
Soledad, lectura y escritura

Sin amigos ni aun salir de la casa, inventaron con su hermana dos compañeros imaginarios que llamaban Kilos y el Molino de Viento. Nombres sin saber por qué, pero de todas maneras presentimiento de don Quijote y Sancho. Un día se aburrieron de ellos hasta dejarlos morir. Fueron los tiempos de leer *Huckleberry Finn*, de Twain, *Los primeros hombres en la luna*, de Wells, *La isla del tesoro*, de Stevenson, *Don Quijote*, de Cervantes, y *Las mil y una noches*, de Burton, entre otros. Su padre citaba a menudo sus poetas ingleses preferidos y decía que los hijos educan a los padres, y no al revés.

Empezó a escribir a los seis o siete años y trataba de imitar a un Cervantes leído en inglés, lengua en la que había compuesto un manual de mitología griega con sus lecturas. Su primer relato, escrito en cuadernos escolares, se tituló "La visera fatal". Su educación formal empezó a los nueve años, porque el probado buen sentido paterno desconfiaba de todas las empresas del Estado. Jorge Guillermo creía que en Argentina la historia del país era el catecismo y el poeta dice que le enseñaron a escribir de una manera florida, que pudo corregir en Ginebra. Es evidente que no quiere acordarse de aquello y no conserva ni el nombre del colegio de niñas donde estaba Norah, su hermana.

La escuela primaria

De la escuela de infancia vestido como un alumno de Eton y burlado y agredido por aprendices de matones, habrá tomado las escenas terribles del inesperado duelo para Johannes Dahlmann, en su relato "El sur", o la aflojada de Fermín Eguren, en "El Congreso". Esa proporción de infancia entre manías populares argentinas y peculiaridades del poeta será resuelta en un extenso campo de su literatura casi sin variar los términos del conflicto, pero con simpatía por el valor en ambas partes. Otro lugar de entonces, que es hasta hoy más enigma que las huellas de su educación formal, es Adrogué. Desde las temporadas infantiles cuando vio por primera vez el mundo rojo y el mundo verde desde los vitrales, hasta su colección final de relatos, hay escenas cuyo espacio es Adrogué o su hotel. Canta el lugar con el penúltimo poema de *El hacedor*, y en "La muerte y la brújula" lo recorre en un conflicto policial construido con acertijos cabalísticos en un laberinto doble y simétrico. Su relato "25 de agosto de 1983", donde él como protagonista habla con su doble al forzar el encuentro entre Borges de sesenta años con Borges de ochenta y ambos aluden a un Borges de poco más de treinta años, que quiso suicidarse en ese mismo cuarto.

Es relato sobre un encuentro imposible. Titulado con la fecha que sigue a la de su nacimiento, hace saber cómo las impresiones recibidas allí entonces rozan un trasfondo insoluble de pesadilla.

Los territorios de las primeras vacaciones

De la misma época son las temporadas en San Nicolás, al noroeste de Buenos Aires, primer capítulo de su vida en la pampa e iniciación en su experiencia con el gaucho. No encontró en ellos héroe y cada vez pudo definirlos mejor. Mujeres casi nunca, alcohol pendenciero del sábado, hombres de este o aquel caudillo. Pero su simpatía y aun gusto de vaga identificación con *Martín Fierro* parece cosa de siempre. De esa región viene la naturaleza amenazadora que atraviesan en Tlön Borges y Enrique Amorim, donde encuentran un objeto de un metal desconocido con peso desproporcionado para su tamaño. Lo trajo alguien que amanece muerto en la estancia donde pasan la noche. También la estancia de "El Congreso", todavía sin baldosas ni baños, debió nacer en esos días, cuando relacionarse con los gauchos y sus costumbres y arbitrariedades motivó el esfuerzo de poetizarlos.

Hay el relato donde se respiran con mejor plenitud esos primeros días en la pampa, vividos con relación a una mente especial y es "Funes el memorioso". Para entonces, tanto la naturaleza como la mente eran abrumadoras, anteriores a la claridad del pensamiento. Borges dice haber llegado a la pampa después de lecturas de Eduardo Gutiérrez y agrega: "Siempre llegué a las cosas después de encontrarlas en los libros". El traslado de los gauchos a poema se apoyaba en lo aprendido con Ascasubi y la decisión familiar de irse a Europa los dejó en los primeros versos.

Hoy resulta simbólica la suspensión de su primer trabajo de arte con gauchos en vísperas de Ginebra y su bachillerato en el Liceo Juan Calvino, su temporada en Lugano y el paso posterior por España, ya en pleno mundo de producción literaria. Adrogué y la pampa permanecen en él con tanta entidad, significado y conflicto como todas las literaturas que pudo naturalizar en la suya y volverá mucho después sobre los gauchos e Hilario Ascasubi, que los vio cantando y combatiendo. Por ahora viajará a sumergirse en una educación formal en francés y otras dos vertientes que le fueron características, su aventura de lector en inglés y su estudio de lenguas, entonces el latín.

La primera Europa

Imposible olvidar que Ginebra significa un escenario de superación civil en medio de los conflictos del siglo xx, por su neutralidad y el tratado de las leyes de guerra y además que Suiza es la tierra donde la muerte sorprendió a Borges y antes de él, a James Joyce, Thomas Mann y Hermann Hesse. "Ginebra, el último, es otra de mis patrias", escribió al referirse a los cantones suizos en el poema "Los conjurados". Los ojos, que por videntes o por ciegos significan tanto en este relato, decidieron el viaje. El padre del poeta necesitaba examinarse con un especialista, a punto ya de no poder leer casi nada.

El segundo motivo básico era encontrar para los niños una educación más universal que la sola religión argentina con sus dioses gubernamentales. Suiza debió serle un mirador privilegiado para soportar e interpretar la primera generalización de la guerra humana desde un espacio equivalente al ojo del huracán. Allá se forma ese Borges de los héroes literarios del judaísmo europeo y los refinados aventureros de las crueldades de una nueva especie, que sorprenderán nuestra literatura con sus *Ficciones* y su *El Aleph*. Lo que vive en su bachillerato del Liceo Juan Calvino es la muy considerada solidaridad de sus compañeros y amistad con lecturas y estudios compartidos, en especial con Simón Jichlinski y Maurice Abramowicz, judíos polacos. Son amigos que visitará casi 40 años después y que fueron abogado y médico, como tantos de su generación, aparte de intervenir en lo decisivo de las primeras publicaciones del poeta. El 20 de agosto de 1919, Abramowicz publica en *La Feuille* un artículo enviado por Borges desde Mallorca, sobre tres libros de ensayos españoles: *Entre España y Francia* de Azorín, *Momentum Catastrophicum* de Baroja, a quien admiró y dijo imitar, y *Apología por la cristiandad*, del historiador jesuita Ramón Ruiz Amado.

Tres libros analizados en la primera página que publica un escritor de veinte años, ya preludian las fascinantes bibliografías de los héroes trágicos de su período más pleno, el de "El milagro secreto", "Las tres versiones de Judas" y "La muerte y la brújula". Jaromir Hladík, Nils Runeberg, Marcelo Yarmolinsky, nombres de los sucesivos protagonistas de estos relatos, que parecen un eco de los nombres de sus amigos ginebrinos. También los destinos intelectuales envueltos por la muerte histórica desatada en Europa, para Hladík o David Jerusalem, parecerían una prolongación de los días estudiosos en el Calvino, ahora enfrentados a la guerra.

Esto demuestra que aquella educación básica le dio rigor moral para sus días más turbulentos y los más intensos relatos. La vida física tuvo su papel y atravesaba la ciudad a diario por la orilla del Ródano, y en Ginebra y Lugano la familia soportó el hambre relativa que afectaba a toda Europa. La abuela Haslam que llegó allí entre seis viajeros a pesar de los submarinos alemanes, no volvería. Murió reclamando que la dejaran tranquila, ¡carajo!, abrumada por las preocupaciones familiares.

Aparecen Schopenhauer, Meyrink y Whitman

El poeta estudió también el alemán, del que pudo disfrutar a Heine y leer a Meyrink, con su novela *El Golem*. Descubrió a Schopenhauer y pareciera que en todas sus disciplinas tuvo siempre muy en cuenta las exigencias de este filósofo. Lo consideró el descifrador del universo y escribió sobre su doctrina varias veces. Una, para comprender los destinos enfrentados de un poeta judío popular del siglo XX y un oficial nazi convencido de su empresa. Pocas veces nuestra literatura ha enfrentado situaciones de mayor drama. En su ensayo "Historia de los ecos de un nombre" nos muestra un Schopenhauer convencido de que el sentido de su destino es su obra, su propuesta magistral del enigma del mundo y no ningún otro accidente de cualquier momento de su vida. El capítulo XII de *El mundo como voluntad y representación*, obra principal de Schopenhauer, contiene varias señales de las razones por las que Borges decidió y orientó sus estudios y demás disciplinas, sobre todo con relación a los clásicos y al latín.

Conoció la poesía de Rimbaud. Le gustaba la exclamación "¡la verdadera vida está ausente, no estamos en el mundo!". Vociferaba de memoria *Las flores del mal* con Abramowicz, leyó el Dumas de tantos niños lectores del siglo XX y creyó preferir *El vizconde de Bragelonne*. Conoció *Los miserables*, pero su descubrimiento y admiración parece haber sido Flaubert, con su novela final e inconclusa *Bouvard y Pécuchet*. Escribió sobre este libro donde dos jubilados se van al campo con el propósito de abarcar todos los conocimientos de sus días, que "la acción no ocurre en el tiempo sino en la eternidad". En el episodio donde los jubilados viajan por la literatura surge un juicio sobre *La comedia humana*, de Balzac, que la define como "una Babilonia y granos de polvo bajo el microscopio". Valdría la pena reflexionar cuánto pudo influir esta opinión de Flaubert en Borges para su renuncia al arte de novelar y su consagración a la bullente e intensa brevedad de sus relatos y poemas.

Volvería sobre Meyrink y tradujo y publicó en Buenos Aires su relato *Johan Herman Obereit visita el país de los devoradores del tiempo*, que le envió y recibió de él elogios y gratitudes y una foto como respuesta. Borges lo encontró en la foto muy parecido a Macedonio Fernández. El deseo de presentar ambientes como los de Meyrink, pero menos exagerados, acompañó siempre los relatos de Borges, sobre todo en "El Aleph", "Los tigres azules" y "La memoria de Shakespeare". Pero el otro descubrimiento que entonces se le reveló, para admirarlo siempre como a Schopenhauer, fue Walt Whitman. Creyó que todos los poetas del mundo habían escrito para llegar hasta él. Diez años después, en 1929, escribiría un ensayo sobre momentos de Whitman en que la independencia de grandes temas y la naturalidad de lo verdadero a partir de la propia experiencia, por sobre y a pesar de los libros, le significan como realidades libertadoras algo muy superior a los grupos de vanguardia, entre cuyo ultraísmo fue líder efímero. En esas páginas revela su traducción del poema de Whitman sobre la mujer que lo acompañó y amó y permanece ahora en él y es lo único que recuerda de aquella ciudad, con todos sus espectáculos, arquitectura, costumbres y tradiciones. También traduce el poema sobre lo imposible de mostrar una vida a través de una biografía, como intentamos aquí, donde Whitman afirma: "... yo mismo suelo pensar que sé poco o nada sobre mi vida real; sólo unas cuantas señas, unas cuantas borrosas claves e indicaciones". La mujer del poema y su amor estarán presentes de nuevo en el amor londinense de Alejandro Ferri por Nora Erfjord en su relato "El Congreso" y en el amor tardío del profesor de la Universidad de los Andes de Bogotá, Javier Otálora, por la sorprendente Ulrika.

Pudo entender temprano la realidad de los dos Whitman, el sencillo ciudadano de la urbe norteamericana del siglo antepasado y el poderoso y afortunado cantor de la especie, en la plena realidad de ambos aspectos. El funcionario público o el enfermero de guerra que soporta como vida normal contratiempos y limitaciones y, de ser necesario, se reduce a una sola comida diaria, como base de la verdad del cosmos pantagruélico que ejerce sus funciones orgánicas y metafísicas como oriundo de Manhattan y en quien están vivos los impulsos del reino animal, y ve la eternidad de la existencia hasta en una hierba mínima.

Lo que aquí creemos es que la economía o la justicia verbal de Flaubert, la leyenda creadora del Golem, la verdad de Schopenhauer y la libertad de Whitman, entre tantas lecturas y circunstancias estimulantes, contribuyeron a vacunarlo de malbaratarse en experimentos y originalidades para la edad de las vanguardias. Así defendido, volvió a España con la creencia de que el alemán era más bello que la literatura alemana, que en francés todo puede trivializarse y que el español se presenta largo y pesado, pero era su ineludible destino. En los días de Lugano ensayaba componer en francés hacia Verlaine, y en inglés hacia Wordsworth.

La novela de Jorge Guillermo

España empezó por Mallorca y la edición de *El caudillo*. El poeta lamentaría sus intrusiones expresionistas en el libro de su padre, quien lo encargó de completar ese tema. Esperamos que con las diversas vueltas sobre Facundo y Rosas y personajes como don Alejandro Glencoe, en "El Congreso", o Azevedo Bandeira, el proteico líder, en "El muerto", o con esos poemas suyos sobre soberanos bárbaros como Gengis Khan o Tamerlán, menos extraños de lo que parecen para nosotros, haya podido cumplir con lo del caudillo y la inquietud de su padre. Pero reparemos en esta poderosa intuición literaria de los Borges, a propósito del tema mejor compartido entre los grandes novelistas de nuestro continente: El caudillo entronizado de Carpentier, Roa Bastos y García Márquez. El poder por el poder. No por el destino del país, ni el bien de la sociedad, ni la paz del mundo. Ahí también está Borges con su padre y sus poemas y de una manera más complicada para su real destino, como veremos en lo que ocurrió por su entrevista con Pinochet. La verdadera raíz y la realización superior del tema es anterior. Pertenece al *Facundo*, de Domingo Faustino Sarmiento, y en nuestro siglo se retoma con *El señor presidente*, de Miguel Ángel Asturias, a quien Borges parecía no comprender.

En Mallorca se mantendrá en su latín con un vicario o un párroco del lugar. Después vendrán Sevilla, la revista *Grecia*, el aire de vanguardia y Rafael Cansinos-Asséns. Los elementos de la revista *Grecia*, que era buen nombre para empresa inicial de poetas, estaban en inferioridad de condiciones con la aplicada preparación de Borges, pues jugaban con gestos vanguardistas a la superación de la literatura que no conocían. Eso creó el incipiente fantasma del ultraísmo, bautizado por Cansinos y que la historia identifica con el renegado Borges y con su cuñado Guillermo de Torre, crítico historiador de las vanguardias.

Rafael Cansinos-Asséns o el verdadero pasado para Borges

Rafael Cansinos-Asséns, autor de *El candelabro de los siete brazos*, fue siempre considerado por Borges un maestro, su maestro, y recordado como líder intelectual. Sus memorias lo definen como un dictador que impedía hablar mal de alguien y obligaba a la elevación de los temas. Creyó que Cansinos era su pasado y es verdad que varios mundos de éste, como sus traducciones de *Las memorias del opio* o *Las vidas imaginarias*, de Marcel Schwob, o su versión de *Las mil y una noches*, que el poeta consideró más agradable que la versión de Lane, son temas que Borges mantuvo toda su vida y llevó a extremos.

Se reunían en el Café Colonial de Madrid desde la medianoche del sábado hasta el amanecer. Cansinos se encontró judío, se circuncidó y escribía de modo que era perceptible su estudio del hebreo, que es la lengua de las profecías y las grandes lamentaciones. Borges lo ratificó con visitas en su vejez y lo apreció contra toda crítica, aun en su extravagancia hebrea, que lo solidarizaba y enternecía, como vemos en el soneto tardío que le dedicó: "Que me acompañe siempre su memoria, las otras cosas las dirá la gloria".

Es posible que su distancia del vanguardista Gómez de la Serna, autor de las *Greguerías*, quien saludó con elogio y aprobación el primer poemario responsable de Borges, *Fervor de Buenos Aires*, en la *Revista de Occidente*, se deba a su admiración por el modo archiliterario y archilingüístico de Cansinos. También su aparente desconocimiento del mérito del filósofo Ortega y Gasset, en que sólo cedió en su vejez. Cansinos, que era iconoclasta con sus grandes contemporáneos, lo señalaba de mal escritor y mal filósofo. Además, el desdén andaluz de Cansinos por el color local y escenografías y personajes como los de García Lorca, arraigó en Borges hasta la desaprensión y lo identificó en vana contienda con alguien superior en el genio del arte poético, por naturaleza. En su fobia, Borges llegó a escribir que los gitanos eran un pueblo marginal que inspiraba malos poetas y con esto se olvidaba nada menos que del Víctor Hugo de *Nuestra Señora de París* y el Cervantes de *La gitanilla*. Por otra parte, los personajes locales de Borges, sus compadritos, no son menos vulgares que los gitanos y toreros que García Lorca elevó a gran poesía. Como dato curioso, es bueno recordar que la revista *Sur*, tan definitiva y afín para Borges, inició la historia de sus publicaciones con el *Romancero gitano*.

Macedonio Fernández o la joven eternidad

Ahora con Buenos Aires llegamos al Borges envuelto en una pasión de amor quijotesca por Concepción Guerrero y fundador de su primera publicación, la hoja titulada *Prisma*, para pegar en las paredes. Diría después que ni las paredes leyeron los dos números, pero sirvió para que Alfredo Vianchi lo llevara a explicar el ultraísmo y publicara una antología del movimiento en su revista *Nosotros*. La personalidad de mayor relieve y de interés inolvidable para los enigmas de la vida literaria en esos días fue Macedonio Fernández. Borges lo consideró siempre un suceso fundamental. Escribió que de todos los conocidos de su vida, aun los más notables, ninguno le dejó una impresión tan profunda y duradera como Macedonio. Esto es mucho decir, pues Borges fue amigo de personajes como Alfonso Reyes y Jorge Guillén.

Se reunían en La Perla del Once, que era barrio de mercados y estaciones de transporte. Cansinos le significaba ahora la suma del tiempo y a Macedonio lo identificó como la joven eternidad. También las reuniones de Buenos Aires fueron los sábados y significaban entender al socrático Macedonio, cuando, para conversar, atribuía sus concepciones originalísimas a cada interlocutor. Macedonio se acompañaba en su tonel de Diógenes, casi siempre un cuarto de pensión, con una versión en español de Schopenhauer titulada *El mundo como voluntad e idea*. Varias veces se ejercitaron con Jorge Guillermo, de quien era Macedonio amigo íntimo y compañero de universidad y con el poeta en traducir el original alemán.

Macedonio Fernández es una expresión plena del desdén que merece la vanidad del arte. Dejaba perder sus manuscritos en los trasteos como otro gran maestro: Simón Rodríguez. Se lo reprobaron y respondió a los amigos que si lo consideraban tan rico como para creer que él podía perder algo. Octavio Paz lo comparó con otro demoledor universal, Marcel Duchamp, y Julio Cortázar justificó la analogía.

Borges revela que Macedonio se destacaba en las artes del silencio y la quietud. Varias veces lo encontró envuelto en un aire rancio, era friolento al extremo y alguien dijo que era tan pequeño, que parecía vulgar. Al incluirlo en colecciones literarias, Borges lo calificó de metafísico y humorista. Escribió que su obra, bastante original, se distingue por el fervor y las continuas invenciones, lo cual podemos comprobar en "Tantalia", que seleccionó con Bioy Casares y Silvina Ocampo para la *Antología de la literatura fantástica*. Ahí Macedonio reflexiona sobre la muerte personal como imposible y la muerte universal como la única que sería muerte de ser posible.

Su novela de 56 prólogos y veinte primeros capítulos, unos y otros todos diferentes, es la expresión extrema de la crisis del arte, por los tiempos en que también la expresaba en teatro y novela Luigi Pirandello con los personajes reales de la obra que cuestionan a los actores, al director y al autor, y un protagonista de novela que aprovecha la falsa noticia de su muerte para cambiar de vida. Macedonio se ejercita en el intento de novelar y prologar *La eterna* y da en referirse una y otra vez al acierto del *Quijote*. Esa reiterada insistencia lleva a la pregunta de si para Macedonio la justificación del arte literario estaba en la superación de Cervantes. Es posible que él haya sido el modelo contemplado por Borges para su "Pierre Menard, autor del *Quijote*", pese al revestimiento francés del personaje.

Borges recuerda expresiones críticas que acostumbraba, como decir que Victor Hugo seguía hablando media hora después de ido el público. Macedonio vivía en el pensamiento y condescendió pocas veces a la escritura, tres de ellas para acompañar a Borges en su empresa de la revista *Proa*. Borges afirma que más allá del encanto de su diálogo y la reservada presencia de su amistad, les proponía un modo intelectual de vivir y su forma de identificarlo es recordar que en Buenos Aires, hacia mil novecientos veintitantos, "un hombre repensó y descubrió ciertas cosas eternas". Decía que antes de Macedonio era lector crédulo y que a su lado aprendió a leer con escepticismo. Enseña que para Macedonio la erudición era una cosa vana, un modo aparatoso de no pensar y que una vez le dijo que si pudiera ir al campo y tenderse al mediodía en la tierra y cerrar los ojos y comprender, podría resolver inmediatamente el enigma del universo. Parece haber sido que lo más impresionante para Borges de su viejo amigo era la insistencia en que la muerte es una falacia.

Néstor Ibarra, viejo amigo, traductor al francés de nuestro personaje, decía que Borges "era la única persona que tomaba la vida en broma y la literatura en serio". Es como decir que don Quijote vivía la vida en la locura y las novelas en la razón, pero es una de esas frases que proponen imposibles próximos a la verdad. No es hipérbole afirmar que Borges representaba en mucho grado la literatura, además de una obra que pareciera incluir, o al menos aludir, a casi todas las tradiciones antiguas y actuales. Ignoramos cuánto esplendor y aventura física deban sacrificarse para intentar un arte que se haga sentir más real que la experiencia, pero sospechamos que Borges pagó el precio en horas de estudio y contratiempos vitales. De modo que además de ser un arte, un opulento destino de poeta, parecería que en cierta forma fue también toda la literatura. Un escritor ejemplar y ¿el mayor lector?

Cuadernos para el olvido y primeros libros de poemas

Ahora, en estos días de Macedonio o la joven eternidad recién descubierta, es el Borges extasiado en las trenzas y los ojos de Concepción Guerrero, y que escribe el mapa de toda su obra con los primeros poemas que quiso reconocer, incluidos en *Fervor de Buenos Aires*. Él dijo cómo creyó escribir siempre ese mismo libro. Dejaba atrás y en sepultado olvido los experimentos de *Salmos o Ritmos rojos*, que publicó en revistas de Madrid como *Épica Bolchevique*, *Trinchera* y *Rusia*, con lo que anticipó así una vertiente que fue principal en la obra de Miguel Hernández, César Vallejo y Pablo Neruda. Tampoco se publicarían *Los naipes del tahúr*, colección de ensayos anarquistas. Todo esto se olvidó en la primera España y ahora estamos en los poemas de lo entrañable de Palermo, el Sur y Almagro. "Aquello fue más que un regreso al hogar; fue un redescubrimiento. Fui capaz de ver a Buenos Aires con avidez y vehemencia porque había estado lejos mucho tiempo. Si nunca me hubiese ido me pregunto si hubiera podido verla con la singular emoción y el deslumbramiento que ahora me producía". Le deja dicho a su amigo Guillermo de Torre, quien se convertirá en el esposo de su hermana Norah y acompañará a la familia a Mallorca en el segundo viaje, que él, Borges, siempre estuvo y siempre estará en Buenos Aires. Patios íntimos, leyendas nacionales y familiares, presencia de los muertos, la Rosa, salmos de amor y la visión de Berkeley y Schopenhauer que "declara el mundo una actividad de la mente", un sueño de las almas sin base, ni propósito, ni volumen, y sueña que si esto es verdad, su ciudad podría desaparecer en el alba. Hay conciencia de muerte y de lo que podría ser inmortal y, en el último poema, aparece Walt Whitman, cuyo nombre es el universo. Un Buenos Aires que nunca fue más íntimo, la metafísica idealista y el más natural verso libre.

Los otros dos breves libros de la misma década completan y confirman esa previsión de toda la obra. Llegan a La Recoleta, La Chacarita, que son los cementerios, el infernal paseo de julio en un libro de versos convincentes y terribles que insinúan desesperación. Borges escribió que quizá su primer poema auténtico haya sido "La noche que en el Sur lo velaron", dedicado a su amigo de igual edad, el poeta suicida Francisco López Merino. Es el primer muerto de su Buenos Aires y de sus relaciones amistosas y artísticas y habrá sentido que ahí empieza la historia de su generación y que, frente a la muerte, su palabra se inauguraba en la consistencia poética.

Otra vertiente poética descubierta en aquellos años y que se integra con suma naturalidad en el mundo de Borges, es lo

cieron treinta años más tarde, y en sonetos afortunados que nunca parecerán escritos por Garcilaso, Góngora o Quevedo, como son "Los Borges" o "Alexander Selkirk".

Si es cierto que Borges tomaba la literatura en serio y la vida en broma, también lo es que ciertas bromas dentro de la broma lo afectaban en forma muy significativa y algunas se convirtieron en relatos de suma fascinación, tocados casi siempre por la pesadilla. Desde que las trenzas de Concepción Guerrero, al tiempo que el amor de Borges tocaron el olvido, habló él de una belleza rosa y oro, en Mallorca, de la que quizá estuvo enamorado, pero no se lo dijo nunca. Esto puede ocurrir: don Quijote tampoco supo jamás la dirección de Dulcinea del Toboso.

Pero una tarde con fondo de lluvia aparece la primera Ulrika de la leyenda borgesiana. Una belleza rubia que lloraba sola y con quien paseó hasta la casa de ella. Tal vez esas presencias permanecen en poemas como "Amorosa anticipación". La tormenta de amor volverá a notarse después entre la dedicatoria inglesa y el prólogo confesional de la *Historia universal de la infamia*. Pero antes de presentar al primer Borges cuentista, es deber referirnos a personajes amigos suyos como Xul Solar, Alejandro Schulz Solari, místico poeta y pintor, a quien el biografiado llamaba "nuestro William Blake".

Xul Solar o la vanguardia natural en el grupo

Menos los forajidos y cuchilleros, Xul tiene algo de cifra de los personajes más interesantes de la prosa de Borges, quien relata que Solar era también gran filólogo y creador de dos idiomas, la palingua y el creol o neocriollo, que hacían innecesarias las demás lenguas. Uno era un idioma filosófico, a la manera de John Wilkins, y el otro era una reforma del español, con palabras inglesas, alemanas y griegas. Borges también recuerda que Xul inventó un piano circular y el panajedrez, que era infinito y se jugaba combinando sonidos musicales y colores. Esto hace pensar en lo más simpático de la expresión de las vanguardias.

Le gustaba mucho hablar de Xul, quien ilustró dos de sus libros dejados atrás, *El tamaño de mi esperanza* y *El idioma de los argentinos*. María Esther Vásquez relata que un día recordó cómo Xul, en su afán por experimentar, mezcló café negro con salsa de tomate y sardinas con chocolate. Aquí anota Borges que las buenas combinaciones ya fueron inventadas y que pocas superan el café con leche. El peronismo pudo distanciarlos, como le ocurrió con Leopoldo Marechal, pero siempre conservó muy grata memoria de Xul, y personajes suyos como el ingeniero Stephen Albert, de "El jardín de senderos que se bifurcan", parecen construidos sobre ecos de su imagen.

Adolfo Bioy Casares

Estamos en los últimos años de los veinte y Borges tiene ya bien ganada su identidad de argentino y de poeta. Su "Fundación mítica de Buenos Aires" se recita en el teatro. Los poemas se silencian con las últimas maldiciones a "El paseo

de Julio" y nos acercamos al Borges del encuentro con Bioy
Casares, por los días en que finalizaba los trabajos de *Discusión*, el primer libro en prosa que quiso reconocer. Hacia 1931
Bioy Casares conoció al poeta y en la semblanza del encuentro, dice: "Me pregunto si parte del Buenos Aires de ahora
que ha de recoger la posteridad, no consistirá en episodios y
personajes de una novela inventada por Borges. Probablemente así ocurra, pues he comprobado que la palabra de
Borges confiere a la gente más realidad que la vida misma".
La historia del dúo es pródiga en obra y acontecimientos.
Bioy también dejó atrás libros primerizos, a veces los sacaba
y leía para que sus invitados alejaran con carcajadas el aburri-
miento. Bioy pudo conversar con Borges sobre todos los autores y materias en que lo leemos y desde una edad muy conveniente. En la semblanza aludida hay una lista de estos temas,
desde la *Divina comedia* hasta la relatividad, los sonetos de
Góngora, Quevedo y Lope, la cuarta dimensión, de Quincey,
Poe, Stevenson, Chesterton, *Martín Fierro*, la eternidad, teo-
rías e interpretaciones del tiempo, entre otros muy varios e
interesantes. Se sabe que desde *La invención de Morel*, la
obra de Bioy Casares, para el lector o para Maurice Blanchot, autor de *El libro que vendrá*, resulta comparable con la
de su maestro inicial y socio creador.

Se cree que no mezclaban asuntos personales con sus ra-
tos, conversaciones y trabajos. María Esther Vásquez, que
bien pudo comprobarlo, escribió cómo la amistad con Bioy
fue una de las cosas que más felicidad y alegría le dieron en la
vida. No se mostraban los propios libros sino ya publicados.

Parece que nada supo Bioy de las peripecias que llevaron a Borges aquellos días hasta un intento de suicidio. En alguna entrevista final, sentenció que Borges nunca tuvo suerte con las mujeres y se obsesionaba en los amores. La amistad duró hasta el final, al parecer con prohibición de María Kodama de volver a casa de los Bioy, donde Borges departió fraternalmente, casi a diario y por varios años.

De aquella amistad y también por la participación de Silvina Ocampo, podemos leer las deslumbrantes colecciones de la *Antología de la literatura fantástica*, de la *Antología del relato policial* y la colección dantescamente nombrada Séptimo Círculo. De la familiaridad con ese modo de llevar al lector, despistándolo de la verdad y quizá también por asombro del cura detective de Chesterton, crearon un inocente barbero limitado a prisión por malentendido, para resolver mentalmente, a control remoto, los enigmas criminales. Es un investigador policial berkeleyano, ¿una aplicación de la metafísica idealista a la realidad criminal? El poeta Bartolomé Hidalgo había sido barbero.

Borges ha sido muy criticado por esos postulados metafísicos desde la intelectualidad socialista de la edad de la Guerra Fría y cargan la mayor culpa sobre Macedonio Fernández. Algo puede verse en la biografía de Volodia Teitelboim. Por los días de los primeros trabajos, algunos sobre plegables publicitarios para leche, Bioy mismo comprobó que:

> La imagen de Borges, aislada del mundo, que algunos proponen
> me parece inaceptable. No alegaré aquí su irreductible actitud contra

la tiranía, ni su preocupación por la ética; recurriré a un simple recuerdo literario. Cuando nos encontramos para trabajar en los cuentos, Borges suele anunciarme que trae noticias sobre tal o cual personaje. Como si los hubiera visto, como si viviera con ellos, me refiere qué hacían ayer Frogman o Montenegro, qué dijeron Bonavena o la señora de Ruiz Villalba. Las personas y la comedia que tejen, lo atraen. Es un agudo observador de idiosincrasias, pero no implacable.

Esto alude a los días de las escrituras de *Discusión*, que integran al Borges ya seguro ensayista sobre filosofía, literatura y filología, con el poeta de la historia y la intimidad del viejo Buenos Aires. Falta el de los relatos que nos espera en pocos años con la colección de monstruos del pillaje y de traducciones reales e inventadas del "Etcétera", ese apéndice de su *Historia universal de la infamia*. En el prólogo de *Discusión*, Borges se disculpa frente a la maliciosa opinión por producir tan aventurera literatura con tan breve experiencia: "Vida y muerte le han faltado a mi vida".

Iniciación y suicidio fallidos

Así será, pero el artista y el pensador crecían muy vigorosos. ¿No eran muerte bastante las de Frances Haslam y López Merino? Pronto vendrá Ricardo Güiraldes. Dos incidentes sin fecha precisa, uno al comienzo de los veinte y otro al de los treinta, merecen comentario. Son un intento de iniciación sexual y otro de suicidio que, por fortuna, no se consumaron. Parece que Jorge Guillermo cedió, no tenemos seguridad ninguna, a la costumbre de iniciar los hijos con criadas, pero prefirió contratar servicios profesionales. Se dice, aunque nadie puede saber cómo fue, que el joven destinado a la poesía temió en algún momento que la pelandusca fuera amante de su padre. Así que, no bien captó el escenario de la casa de placer, se alejó sin pensarlo.

Existe en la literatura del siglo pasado el muy significativo incidente de Adrian Leverkhün, músico de la novela *El doctor Fausto*, de Thomas Mann, en el galpón del prostíbulo. Parece que hubo expresiones análogas en Borges y este Fausto sobre "la falta de alma" en esas mujeres, pero las consecuencias en ambos y en sus artes fueron muy diversas. Estela Canto lo relata y quiere mostrarlo como el principal motivo de entrevistas psiquiátricas de Borges, hasta bien entrados los cincuenta.

Lo otro es el fallido suicidio en el hotel de Adrogué, de prolongada memoria. Un revólver, una novela policíaca ya leída y una botella de ginebra lo acompañaron de ida, y de retorno el revólver y la novela quedaron en un charco. Después, el enigma de Adrogué se prolongó en un poema y dos relatos, uno es "La muerte y la brújula", tan imposible como bien logrado. ¿No sería este otro motivo de las entrevistas psiquiátricas?

Entretanto, el destino poético propuesto por el padre crece de manera ejemplar. Ya le ha devuelto respuestas sobre sus enseñanzas de la infancia, la flecha de Zenón, que "vibra y vuela, pero nunca vuela", según Valéry, y la tortuga que impone su medida a los pasos del héroe Aquiles. Ya Homero está en sus páginas en pleno, a través de la reseña de tres versiones desde la de Pope. Dos veces está Whitman en *Discusión* con su gran poesía y su sencilla vida. Flaubert, con su consagración ascética a la novela y con su obra póstuma, también está dos veces y el cine muchas. Hay además una página sobre un antecesor literario, Paul Groussac, tan bibliotecario, tan ciego y tan lleno de Europa como él, y está, como siempre, Argentina, como país y como expresión. *Martín Fierro* también forma parte de sus relatos.

Borges cuentista y gran sorpresa

Ahora sólo nos falta el cuentista. De estos ensayos del libro *Discusión* podemos sacar líneas que componen la imagen de nuestro autor, pero en su evolución y la de la literatura, significan mucho dos hechos: La concentración lograda por Flaubert para la novela y los experimentos del naciente cine con la misma. Ambos están en la base de la opción de Borges en prosa por el relato breve, antes que por la novela larga o corta, como han considerado algunos a "El Aleph" o "El Congreso". Ambos, cine y Flaubert, refuerzan el gusto por la costumbre de fabularios antiguos como *Las mil y una noches*, y es posible que haya conversado con Macedonio Fernández sobre la vanidad de muchas novelas.

La novela imposible

Pero, al igual que Macedonio, admiró *Don Quijote*. También el *Orlando* de Virginia Woolf, que tradujo y lo consideraba obra musical, y el *Ulises* de Joyce, que no llegó a traducir, entre otras cosas porque la editorial ya había contratado a Salas Subirat. *Orlando* y *Ulises* son, a su modo, además de novelas, también historias de la literatura inglesa. Es claro que leía novelas policíacas, al menos antes y aún en los primeros contratiempos graves con la visión. Conoció, por indicación del padre, *El viaje al fin de la noche*, del controvertidísimo Cèline y tradujo *Las palmeras salvajes*, novela de William Faulkner sobre las primeras consecuencias de la era industrial en Norteamérica.

En *Discusión* habla de novelas y dice que el problema del género es la causalidad y que deben ser un juego preciso de vigilancias, ecos y afinidades. Admira la presencia real de monstruos mitológicos en *Vida y muerte de Jasón*, de William Morris, señala la analogía entre *Las aventuras de Arthur Gordon Pym*, de Poe, con *Moby Dick*, de Melville, en el horror del color blanco. No pueden faltar Chesterton y el cine, que son contemporáneos y ambos representan nuevas formas de narrar. Por último, *Ulises*. Se trata del tejido de anticipaciones y contrastes, las cosas que dicen otras cosas dentro de un libro. Recuerda que en una de las fantasmagorías de Chesterton, "un hombre acomete a un desconocido para que no lo embista un camión, y esa violencia necesaria, pero alarmante, prefigura su acto final de declararlo insano para que no lo puedan ejecutar por un crimen".

Historia universal de la infamia

Llegamos entonces con el poeta y ensayista formado a las primeras muestras de relato. Son monstruosidades amenas sobre empresarios criminales norteamericanos y chinos, y expresan los aspectos más inquietantes y menos aceptados del personaje. En el prólogo, nos informa que su autor "era asaz desdichado", pero lo divertía escribirlos. Se quiere creer que las iniciales S. D. de la dedicatoria son el motivo de la pena. Las identificaciones son para confundir: "inglesa, innumerable y un ángel". Hoy esos adjetivos resultan humorísticos. Las iniciales aparecen de nuevo en "Two English Poems" de *El otro, el mismo*, que se publicaron varias veces dedicados a distintas iniciales. Procedimiento dantesco para evitar tragedias y querer engañarnos alegando que era pereza y por eso lo dedicó a varias. Que tal vez estaría muy enamorado y no podía escribir.

¿Fue la desdicha anterior o posterior al intento suicida? Fue cercana. En *Historia universal de la infamia* se produce una autocrítica especial sin precedentes: el desdichado autor incluye antiguos relatos clásicos admirados y traducidos por él y, en esa serie, están tres creaciones suyas a la manera de *Las mil y una noches* y las enumera con noches que en el libro son otras. Titula "Etcétera" ese otro conjunto, que en su excelencia no logra borrar la sorpresa por esas narraciones de genios del mal, donde es ya clara la asimilación de recursos narrativos del cine y quizá también su anticipación.

Todos los protagonistas de la infamia tienen algo de hipérboles bufas de aquel Kurtz, que en alemán significa pequeño, el empresario genocida de *El corazón de las tinieblas*, de Joseph Conrad. Es un mediocre soñador inglés que logra convertir en su imperio un reducto en el fondo de la selva africana, para enriquecerse sin necesidad y hacerse adorar en la trata y tortura de esclavos. El libro de Conrad parece un bajorrelieve de profecía de cierto canciller alemán que maltrataría de muerte a toda Europa. Su primer relato abre con una mención de Bartolomé de las Casas y sigue con una historia de los destinos y obras de la raza negra en el Nuevo Mundo, que es por lo menos sorprendente. Se sabe que lo conmovían los *negro spirituals* en medio de su indiferencia musical.

Escribió sobre Chesterton que se había defendido de ser Poe o Kafka, pero que algo en el barro de su yo propendía a la pesadilla, algo secreto, ciego y central. Lo mismo vale para él; todo su *El Aleph* es pesadilla, sentirse dentro de cualquiera de los mundos de la infamia durante el incomprensible tiempo de los sueños, es una pesadilla. Libro desbordado y ameno, pudo inquietar acerca del corazón de su autor en puntos de vista sociológicos o políticos. La casi irresponsabi-

Otto Dietrich zur Linde de "Deutsches Requiem" o el doctor Yu Tsun de "El jardín de senderos que se bifurcan", casos de total desarrollo cultural, que se creen obligados a deshumanizarse por la guerra. El chino llevado a matar a su anfitrión para facilitar una misión espía, y el otro convencido de que debe torturar y destruir al poeta judío más representativo de Alemania. "Preveo que el hombre se resignará cada día a empresas más atroces; pronto no habrá sino guerreros y bandoleros", reflexiona sobre sí mismo Yu Tsun, profesor de historia.

También el sector del libro titulado "Museo" anuncia ya, con poemas como el envío de Muirchertach, rey de Dublín, para Magnus Badford, esa vertiente de los poemas dramáticos donde hablan dos veces Gengis Khan y un Tamerlán en primera persona y exhiben caracteres de toda excepción, en tamaño y crueldad autojustificadas. Esto llegó a la literatura con Claudio, el rey fratricida padrastro de Hamlet, con Yago, el demonio de Otelo y con Lady Macbeth. Hay en la vida de Borges personalidades vivas, amigos suyos admirados por él, que rozan esas dimensiones en lo real histórico. Primero, Drieu La Rochelle, francés germanófilo veterano del catorce, quien debió suicidarse con la llegada de los aliados a París y que al lado de Néstor Ibarra y Roger Caillois introdujo la obra de Borges al francés. Segundo, Ernst Jünger, veterano de la legión extranjera, herido catorce veces en la primera gran guerra y miembro de la Reichswehr hasta 1923. No fue miembro del nazismo ni aceptó colaborar en su diario oficial. Dirigió tropas de ataque en la Segunda Guerra y su consigna era que no se izara jamás una bandera blanca. Borges lo visitó en octubre de 1982. Y tercero, la nefanda invitación de Pinochet, que borró su nombre del Premio Nobel, donde ya triunfaba junto a Vicente Aleixandre.

En efecto, Borges, que vivió el lujo de oír al dictador confiarle, como cualquier rey criminal de Shakespeare, que se sentía incomprendido y solo, pagó la escena con el precio de su perdido Premio Nobel. A veces pienso, entre supersticiones, si aquellos versos iniciales de su poema dramático donde habla Tamerlán, le atraerían al poeta el maleficio de tal entrevista:

> Mi reino es de este mundo. Carceleros
> Y cárceles y espadas ejecutan
> La orden que no repito. Mi palabra
> Más ínfima es de hierro. Hasta el secreto
> Corazón de las gentes que no oyeron
> Nunca mi nombre en su confín lejano
> Es instrumento dócil a mi arbitrio.

Pedro Henríquez Ureña, su primer gran crítico

¿Conocemos el precio de pensamientos, sueños y escrituras? En 1945 y cerca de su muerte, don Pedro Henríquez Ureña se inquietaba por los rumbos de su amigo Borges. Este fundador de la cultura hispanoamericana e historiador de la literatura, era un educador antes que un artista y pudo creer que las temerarias expediciones de Borges al alma de Lady Macbeth o del Raskolnikov anterior al crimen, o de Hitler o de Stalin, podían llegar a impedirle al poeta la expresión del si bemol mayor. Por lo demás, lo admiraba como artista y maestro del adjetivo. Borges, por su parte, le reservó siempre el más elevado sentimiento en su mejor memoria, y es don Pedro quien lo acompaña cuando matan los dioses venerados por la canalla sentimental: el tango, la prensa, el dinero, la policía secreta.

Al mejor núcleo del libro, el de las traducciones y la adaptación de lo que sucedió con don Illán, el mago de Toledo, Borges acabó por responder con relatos como "La rosa de Paracelso". Otros, como "El espejo y la máscara", donde vuelve sobre este tema de los destinos cruzados del poeta y el soberano, son ya un arte suyo como el de aquellas narraciones anónimas y antiguas. Rey y poeta pagan caro su encuentro y su relación, y pareciera que nunca debieron cruzar sus destinos, mezclar sus intereses. En su anterior versión titulada "La parábola del palacio", paga más caro el poeta. En suma, *Historia universal de la infamia* es la primera revelación de lo que serán las costumbres y destino de la prosa creadora de Borges, buscadora en lo principal del relato clásico, capaz de llegar a la dignidad del anónimo.

Se cuenta que Natalio Botana, director del diario *Crítica*, exigió que cada quince días el director de su *Revista Multicolor* colaborara, y de ahí surgieron estos relatos. Las notas eran firmadas por su primo Guillermo Juan, por Juan Carlos Onetti, Néstor Ibarra y Enrique Amorim. La revista se preocupó por divulgar autores como Benito Lynch y Horacio Quiroga. Allí publicó más de veinte textos y versiones de Chesterton, Kipling, Wells y Gustav Meyrink. Allí probó la cocaína en experiencia que no lo afectó ni convenció: "Soy inmune a las drogas", solía decir. De aquel tiempo data su página sobre la *Radiografía de la pampa*, de Ezequiel Martínez Estrada, que era capaz de un humor análogo al suyo y con quien vivió entreveros de posición política en los que salió librado a medias. Borges admiró siempre a este biógrafo de Sarmiento y Martí, a quien incluye en su selecto grupo utopista de Tlön y, para aludir a su escritura, decía: "Como bellamente escribió Martínez Estrada...", o esta cita que seleccionó María Esther Vásquez de su reseña sobre la radiografía pampeana: "Su autor es un crítico de espléndidas amarguras (...) de la amargura más ardiente y más difícil, la que se lleva bien con la pasión y hasta con el cariño". Allí publicó "Hombre de la esquina rosada", dedicado a Enrique Amorim y con el título "Hombres".

Ricardo Güiraldes: la cortesía y el heroísmo gaucho

Además de este relato, del que renegaba como se reniega de una parte de la propia naturaleza, publicó allí, entre 1933 y 1934, seis cuentos de la *Historia universal de la infamia*. "Eran pintorescos y supongo que su valor secreto está en ser ejercicios narrativos", revela en su *Autobiografía*. Son los años en que Güiraldes lo acompaña y apoya, y en cierto modo configura la imagen de un destino, que es la otra vertiente definida de la obra de Borges: la del gaucho de todas formas considerado como héroe. Así, ahora los mundos compartidos con Cansinos-Asséns y Macedonio Fernández, se suman y expresan junto con el oscuro héroe de la pampa de Güiraldes, todo en sólo Borges. *Don Segundo Sombra* fue la gloria de este autor, que no dejó de tener problemas con el modelo de su protagonista, don Segundo Ramírez Sombra, quien contradecía detalles del libro, como los seis modelos de los personajes contra el autor en el escenario de Pirandello. El recuerdo de él, en Borges, se manifiesta siempre entrañable. Fue también un amigo de la familia, muy querido por Leonor Acevedo como persona y como escritor. Su famosa guitarra fue la herencia que Güiraldes quiso dejarles, antes de morir en París.

El interrogante sobre la razón más que intelectual del poeta con las mujeres que identifican sus dedicatorias se torna numeroso, antes que innumerable y angélico, con la publicación de *El Aleph*. Ahora vamos por 1933 a 1935, con los primeros sucesos de la revista *Sur* y el Borges reseñador de la literatura inglesa de la revista *El Hogar*. Ocurre la muy comentada visita y presentación en dúo de García Lorca y Neruda en Buenos Aires, casi como un contraste simbólico con el fenómeno que biografiamos. Aunque, si bien se mira, la mitología compadrita y gaucha de Borges, el que nace con la poesía gaucha, Carriego y Güiraldes, como poesía sobre mitos de la localidad de cada uno, resulta análoga a la gran poesía gitana y torera de García Lorca. Además de que el manifiesto intento de Borges de abarcar lo humanamente posible en poesía acabó por hermanarlo en el propósito general con Neruda, quien decidió admirarlo plenamente como de lo mejor nuestro y se burlaba al decir que ninguno de ellos dos sabía de política.

Victoria Ocampo, una sociedad tácita

Los comienzos de *Sur* son por los días de completar la integración del poliedro Borges escritor y anunciar el verdadero cuentista, el que participará con Cortázar en la tradición de Poe, Stevenson, Chesterton y Wells. Aparte de Ortega y Gasset, es el colaborador mejor experimentado en revistas para *Sur*, la revista que con más alta calificación pudo relacionar la literatura y el pensamiento el siglo anterior desde este lado del mundo. No faltaban críticas desde la ya sacralizada izquierda por la libertad de Victoria Ocampo para invitar personajes políticamente muy complejos, como Lawrence de Arabia, innegable héroe y admirable escritor, aparte de muy propio para comprobar en el presente histórico la realidad de los personajes inventados por Borges y la novela inglesa, como *Lord Jim*, de Joseph Conrad. Los ingleses hechos a la violencia en otros continentes.

Pareciera que *Sur* pudo ser para Borges algo como un reino compartido por personas que lo comprendían bien. Es fama que a Victoria Ocampo la consideraba mandona, pero María Esther Vásquez la defiende y afirma tener comprobado que sólo era así con sus iguales y muy amable y considerada con los demás. Por otra parte, el compromiso de la revista tuvo que armonizar cualquier desajuste y ellos debían admirarse recíprocamente por el modo un tanto doloroso como ambos se realizaban, en un medio tan condicionante. El relato autobiográfico de los amores de Victoria resulta tan interesante e infernal como aquel de Barry Perowne, titulado "Donde su fuego nunca se apaga", que tradujeron sus amigos para la fantástica antología. Ninguna mujer de las grandes dimensiones que insinúa la imagen de Victoria Ocampo o de Leonor Acevedo, entra en el relato de Borges.

Fue Victoria quien recomendó a Borges con doña Martha Casares para la iniciación de Bioy en la literatura. Invitó también a Drieu La Rochelle, Tagore y Ortega y Gasset. Drieu fue amigo con Borges de muchas caminatas bonaerenses y recíprocos reconocimientos de la inteligencia. Es el autor de la definición de la pampa como vértigo horizontal, que Borges identificaba con la patria. Con relación a Ortega y Gasset, sólo el Borges tardío reconoce valores. Entonces bromeaba: "Un periodista preguntó su opinión sobre Ortega y Gasset, y él le dijo: '¡No me gusta ninguno de los dos!' ".

La revista Sur

Sur es José Bianco, quien nos muestra un Borges que se conducía con todos como si estuviera en el cielo, sin ideas de clase y que con una broma paradójica a cualquiera derribaba conversaciones insoportablemente acostumbradas. Así mismo recuerda que, como Sócrates y Macedonio Fernández, su inteligencia volvía inteligentes a todos. *Sur* también es Manuel Peyrou, autor de obras policíacas que Borges admiraba; el poeta Carlos Mastronardi que, por las expresiones de Bioy Casares, sabemos que era maestro para ellos. Los hermanos Julio César y Santiago Davobe, que se adivinan tan amigos suyos y el mismo Ernesto Sábato, con quien tuvieron trato reticente, reconciliado al final ante el problema de las madres de la Plaza de Mayo y los desaparecidos por la dictadura argentina.

Alfonso Reyes o la mejor prosa del idioma

Hace falta la presencia de Alfonso Reyes en Buenos Aires y la publicación de *Historia de la eternidad*, para que podamos presentir el Borges íntegro. Es decir, el Borges de san Agustín, de Boecio, de la teología heterodoxa y el de la eternidad y las líneas y círculos del concepto temporal, la nostalgia de Islandia, el código de metáforas de los Skalds; "Las kenningar", los héroes y los reyes del océano helado, además del cuentista ya siempre identificable entre los mayores, desde "El acercamiento a Almotásim". Reyes lo convidaba los domingos de Buenos Aires a su embajada mexicana. Alguna vez dijo que Borges era un hombre náufrago en el mundo físico. Reyes fue el primer gran apoyo para su libro *Discusión*, junto con Enrique Díez-Canedo, además de estar en el epígrafe, con una idea como la de Jorge Guillermo de aprender por el error antes que por los consejos: publicar para no pasar la vida corrigiendo.

Consta con abundancia y claridad que Borges lo admiró hasta la regocijada imitación y lo consideró siempre entre lo mejor: "Todavía considero que Reyes es el mejor prosista del idioma español en el siglo XX y de él he aprendido a escribir de manera sencilla y directa". Citemos de inmediato la suave sabiduría de don Alfonso: "Mentir y escribir mal son dos monstruos gemelos". Reparemos cómo "In Memoriam", el poema que le dedicó en *El hacedor*, es una composición, entre las suyas, de arte mayor, como "El Golem", "La luna", "Ajedrez", "Los espejos", "El tango", "Ariosto y los árabes" y, entre todos, Alfonso Reyes, como el más joven y tangible, pero el único mortal elevado a esas dimensiones en su obra. Debemos saber que Reyes resulta entre nosotros generoso precursor tanto de Borges como de Octavio Paz y Lezama Lima. A Paz lo amparó institucionalmente por los días de *El laberinto de la soledad* y el lenguaje especial de Lezama lo definió como "elíxir de muchos corpúsculos sutiles" y le expresó gratitud perpetua. El trato de amistad le correspondió a Borges, el más directo e inmediato con su maestría.

En más de un buen americano hay nostalgia de la prosa de Reyes, en quien se siente la mejor medida, la inimitable regla de oro. El apellido Guedalla, de Phillip, primer reseñador de "El acercamiento a Almotásim", y que se integra al primer nombre y es la segunda palabra de la ejemplar historia de Borges narrador, que se abre aquí y se cierra con la renuncia a la memoria de Shakespeare, ese, es un apellido tomado de una página de Reyes. En una recepción académica mexicana para el historiador Lewis Hanke, Reyes, por invitación de aquel, llevó la palabra con una página titulada *Mi idea de la historia*, y ahí menciona un cierto Guedalla, quien se pregunta "¿qué habría pasado si los moros conquistan definitivamente a España?". Por otra parte, si varias veces se leen relatos de *Ficciones*, como "Examen de la obra de Herbert Quain" o el mismo "El acercamiento a Almotásim", y volvemos a los ensayos de Reyes de su libro *Marginalia*, acabamos por percibir que las introducciones en los problemas y la presentación de personajes son y quieren ser un eco suficiente de la prosa de Reyes. Valdría la pena, por lúdico y asombroso, detenerse en el ensayo del mexicano sobre *El filósofo de las aves* y volver después al "Examen de la obra de Herbert Quain" o a "Pierre Menard, autor del *Quijote*", para compulsar tonos e ironías.

María Esther Vásquez nos hace saber que, al tiempo que en *Sur*, Borges publicaba cada quincena en el semanario *El Hogar* notas sobre autores extranjeros, y otras más, ilustradas por fragmentos traducidos por él, sobre Lawrence de Arabia, Benedetto Croce, Oswald Spengler, Carl Sandburg, Virginia Woolf, Vita Sackville West. Comentó una novela policial de Ellery Queen, otra de Henry de Montherlant. Ensayó sobre Joyce y tradujo páginas de Chesterton, cuya afición debió llegarle por Alfonso Reyes, el más afortunado traductor nuestro de casi todas las obras de este caso excepcional del relato policíaco y la novela moderna de aventuras, así como de la más agitada controversia sobre los fundamentos de Occidente. Exaltó el Premio Nobel del dramaturgo Eugene O'Neill, polemizó con González Lanuza sobre Lugones, se refirió a H. G. Wells, Rudyard Kipling y Henry James. Privilegió con total razón a Kafka, a quien tradujo en parte, y se burló de Marinetti. Condenó el fascismo e interrogó en el manifiesto de André Breton la visión marxista de la literatura. Asimismo abominó del nazismo y denunció la persecución antisemita en Alemania.

La primera biblioteca pública o su primer trabajo para sobrevivir

Si el mejor lugar para esconder una hoja es un bosque, ¿cuál será el mejor lugar para esconder a un lector? Se quejan mucho los devotos del poeta y sufría otro tanto él mismo con el medio laboral de la biblioteca Miguel Cané. Pero era un mundo de libros, acompañados por bultos vivientes de semicultura compadresca, alguno con tatuadas heridas de lances callejeros y permanente cuchillo, ninguno capacitado para identificar un Borges con el otro: el cegato lector de terraza o sótano en la biblioteca donde trabajaban, con el otro autor del mismo nombre en los panoramas. El fútbol, la hípica y los chistes verdes llenaban el alma del sector masculino y las mujeres

cio analógico entre "El inmortal", de Borges, y "El relato más hermoso del mundo", de Kipling. La novela inventada, que en el relato es además reseñada y seguida en varias y diferentes ediciones, comienza con una culpa incierta sobre un crimen no comprobado por quien cree haberlo cometido en una disuelta perturbación de Bombay. Esto lo lleva a los peores y más bajos medios, donde alguna vez escucha palabras que no tendrían por qué surgir en espacios así. Entonces cree que un espíritu muy superior, aunque lejano, las ha proyectado en ese barro. Fabula la posesión de un destino por un alma distinta de la suya, como en "Las ruinas circulares" postula los creadores como soñados por otros creadores. El joven continúa buscando el origen de esa luz y en la tercera edición, Almotásim, que es quien lo produce, empieza a confundirse con una alegoría de Dios, a ser un poema místico y correlacionarse más estrechamente con el *Coloquio de los pájaros*, de Attar, poeta místico hindú, entretejido en la inexistente novela, pero real e histórico. La inventada novela y su real reseña finalizan en que el buscador ha sido mandado pasar desde una cámara al fondo de un largo pasillo, por quien es o se hace llamar Almotásim.

Tema bastante exigente para poco menos de doce páginas impresas de libro de bolsillo. ¿Una nueva época en el arte de relatar? Por lo que sea y con toda su sospechable estética, ya dijimos que para esos días el cine ha transformado la narración con relación a todo el arte literario anterior. ¿Cómo? Ya se comprenderá mejor... Este relato es un Aleph de posibilidades de la poesía épica, mística y novelesca. No inicia el libro. Eso corresponde a la empresa de "Tlön, Uqbar, Orbis Tertius", una de las perspectivas de mayor interés por parte del Borges visionario. También a veces libre de sus laberintos y sus desiertos. Pero aquí llegamos a otra de sus mayores osadías: crearle al Quijote un autor distinto de Cervantes: Pierre Menard.

Una anticipación de la muerte

El afán de contemplar otra vez los rasgos de Emma Risso Platero, con fama de muy bella y a quien dedicará "La escritura del Dios", lo desvió del ascensor lento a su juvenil impulso por las escaleras. La poca luz le impidió notar una ventana abierta, cuyo ángulo inferior del batiente se clavó entre la frente y la cabeza del veloz Borges. Después debió llegar ante la muchacha como san Jorge, muerto ya el dragón. Ella casi se desmayó de verlo. En el hospital cerraron la herida, que se infectó, porque la ventana tenía pintura fresca. La fiebre alta y el delirio y una imposibilidad de alcanzar y más aún comprender lo que veía y oía, parecen haberlo postrado, hasta que surgió la idea de probar sus facultades con la creación de Pierre Menard, el nuevo autor del Hidalgo. Se dice que en el accidente lo acompañaba un ejemplar de *Las mil y una noches* descabalado, esto es, sin el número de cada noche. ¿Era ese libro el regalo para Emma? Viajó hacia la muerte en compañía de *Las mil y una noches* y volvió de sus límites acompañado de *Don Quijote*. Así quedó confirmado el Borges magistral de los relatos, casi todos ellos por escribirse.

Ha injustificado el modo novelesco en el prólogo del libro y en "El acercamiento a Almotásim" y expuesto sus recursos con modestia y alguna ironía. Ahora devuelve *Don Quijote* al anónimo para entregarlo a todos los autores posibles. ¿Se descubre aquí el lector que podría ser autor? De todas maneras se relativiza el signo, hablado o impreso. Los libros cambian, como todo; "no leerás dos veces el mismo libro, pues aunque sea el mismo, las lecturas son siempre otras". También el tiempo puede demostrar que un libro es reductible a dos versos o al menos definible, en lo esencial, por ellos. El tiempo puede descubrir que una obra está íntegra en uno solo de sus capítulos o en un solo episodio. La relación y la connotación de una misma palabra es siempre distinta y, desde luego, lo es su significación.

Ya dijimos que esa admiración por don Quijote como la obra, en medio del general fracaso de la historia literaria, era un parecer de Macedonio. Por esa puerta entra Borges en forma definitiva a una labor de cuentista, que lleva diez años y durará hasta 1981. Empieza por Cervantes y termina por Shakespeare. Entre 1940 y 1970 escribe dos versiones de su pasión utópica, del auténtico proyecto... también se podría decir auténtica realización, o aun realidad, de su idealismo. La versión de 1940 se titula "Tlön, Uqbar, Orbis Tertius" y la de 1970, "El Congreso". Ambas son empresas que implican el destino del mundo. La primera crea sus propios libros e incluso su sistema de pesos y medidas, y ahora diez se escribe sesenta: la regla es sexagesimal. La segunda adquiere la biblioteca posible entre lo que hay y la destruye como en un remoto sueño de Nathaniel Hawthorne y ciertos momentos de la historia china, la biblioteca de Alejandría y las hogueras nazis. ¿Quiere decir que de todas maneras lo que debe saberse y lo que debe escribirse no está necesariamente en la biblioteca ni en la Caledonia, que es también una región escocesa y una isla colonial de Oceanía? Otra cosa creía en los días de *Ficciones* en "La biblioteca de Babel" o en "El milagro secreto".

Las amistades para la utopía

"Tlön" es un trabajo conjunto entre Borges y sus amigos próximos. Los más viejos son su padre y Alfonso Reyes. Los otros son Bioy Casares, Ibarra, Drieu, Xul Solar, Martínez Estrada y Mastronardi. Los personajes de "El Congreso" son inventados. Los inspiradores históricos de ambas aventuras son, en la primera, Johannes Valentinus Andreas, quien trazó las primeras perspectivas rosacruces, y en "El Congreso", Anacharsis Cloots. Éste se presentó a la cabeza de 36 extranjeros como orador del género humano en las convenciones revolucionarias de Francia. Recordemos que 36 es el número de los justos que sostienen el mundo. En Tlön sólo existe el pensamiento y lo pensado existe mientras es pensado. "El mundo es una actividad de la mente, un sueño de las almas", afirmó Borges, para acercarnos a Schopenhauer y Berkeley. Lo mismo formula el *Kybalión*, considerado tan remoto. Una sociedad que será la sociedad toda y un congreso que será el mundo íntegro.

Borges llevó esta idea hasta el título y poema de su último libro, *Los conjurados*. De modo que la sostuvo hasta morir y acabó por destacarla entre los sueños, como si con ella se abrieran o se cerraran sus avanzadas. También el poema "A cierta sombra", que dedicó a la memoria de Thomas de Quincey, está en el núcleo. Hay actividades análogas en los relatos del grupo jasídico coleccionados por Martin Buber. El mayor motivo de este continuo trabajo podría estar en una cita de Schopenhauer en su biblioteca mágica, hecha por el Borges de la *Zoología fantástica* en lo del Golem: "El ser creado de palabras". Schopenhauer escribe que Horst comprendía así la doctrina de la visionaria inglesa Jane Lead: "Quien posee fuerza mágica, puede, a su arbitrio, dominar y renovar el reino mineral, el reino vegetal y el reino animal. Bastaría, por consiguiente, que algunos magos se pusieran de acuerdo para que la creación retornara al estado paradisíaco".

Empresas interminables, como la construcción de la muralla China de Kafka, pero aquí esperanzadas. Ni Marinetti, ni Breton, ni Gómez de la Serna, sino Kafka, parece haber sido la verdadera y necesaria vanguardia para Borges. Relatos como "La lotería en Babilonia" y "La secta del fénix" parecen ejercicios del orden de "El escudo de la ciudad" de Kafka, sin alcanzar esa consistencia pétrea de real actualidad en una época y una lejanía remotas. Por cuentos así, escribió Cortázar de Borges: "Se plantó en mitad de la ensaimada y dijo Babilonia, nadie entendió que decía Buenos Aires". "La biblioteca de Babel" sí se acerca hasta las complicaciones arquitectónicas de Kafka, pero también a la aventura de Mallarmé, que consagra el destino de la especie a la construcción de un libro único: cada autor una palabra, un fragmento o la imposibilidad de participar en él y todos entregan la vida e ignoran su parte. Este relato se ha hecho famoso también porque María Esther Vásquez afirma que de ahí parte *El nombre de la rosa*, la novela del semiólogo Umberto Eco, que Borges no llegó a leer, pero cuyo título elogiaba.

Eco introduce el elemento policial, que en *Ficciones* se manifiesta sólo en "La muerte y la brújula", donde, a partir de la muerte de un doctor talmúdico, surge la relación de la cábala con un enredo policial, en el que un criminal dandy quiere vengar la muerte de un hermano, producida por un detective intelectual y esotérico. A partir de la muerte del doctor, que es como una suma, al menos en sus obras de Martin Buber y Gershom Scholem, pensador judío-alemán el primero y tratadista sobre la cábala el segundo, profesores de la Universidad de Jerusalén, que interesaron especialmente a Borges, el dandy fuerza un encadenamiento de sucesos que el otro relacionará entre el peligro de su muerte ya ordenada y organizada y la aventura cabalística de los buscadores del nombre secreto de Dios. El relato tiene la realidad que establece la tan real como imposible coherencia de los sueños; es, en todo el conjunto, el que más deja sentir la noche, no obstante el insomnio de "Funes el memorioso". Concluye en un laberinto que duplica simétricamente una casa en Adrogué. Se cree que es el hotel del intento fallido de suicidio, que será, desde la memoria, el mismo del relato donde dos Borges hablan de un tercer Borges que allí mismo... Se abren otra vez todos los interrogantes sobre la región y el motivo de los enigmas mortales relacionados con el lugar. Es también el hotel donde juegan taciturnamente al ajedrez el ingeniero Herbert Ashe y

Jorge Guillermo, el padre, durante los trabajos de "Tlön", pero sobre todo, lugar de vacaciones de la infancia.

Los soñadores soñados

Volvemos al mundo o continuamos en él como actividad de la mente, como sueño de las almas, ¿sin base?, ¿ni propósito?, ¿ni volumen? Estamos en "Las ruinas circulares", el relato sobre la creación detallada de la criatura; es un obrar con descansos y sueños que sólo se refieren a lo que se crea. Sólo eso sueñan. Es posible que Borges admirara a Giovanni Papini tanto o más que a Schwob y por razones análogas que podemos comprobar en las entrevistas de *Gog* y del *Libro negro* y en relatos como "La última visita del caballero enfermo", que figura también en la *Antología de la literatura fantástica*. Esta vez no es el mundo la actividad de la mente y el sueño del alma, sino alguien en particular. En Papini el creado, el soñado, se refiere a su soñador. Temía desintegrarse si lo despertaba y ahora lo ha provocado hasta la desesperación y la locura. Se ha cuidado como obra demiúrgica en lo posible, y hasta el extremo ha intentado destruirse como tal. El relato finaliza con la despedida del caballero a Papini. Es la criatura febril y aterrada de no desintegrarse a cada momento quien lo ha narrado. El soñado relató el sueño y su idea de su desconocido soñador. Es claro que también convoca elementos del esfuerzo de "aquel arzobispo de Canterbury que se propuso demostrar que hay un Dios", tanto como de la brevísima página sobre filosofía gnóstica presentada por Schopen-

Arriba

La revista Proa, *fundada por Borges y Macedonio Fernández, se convirtió en órgano de difusión del ultraísmo, y apareció entre 1922 y 1923.*

Página anterior

El joven Jorges Luis en la década de 1920.

Página siguiente

Su niñez y adolescencia estuvieron marcadas más por las lecturas que por los juegos.

Anda planeando — con un muchacho español, complica— cuya primer número — si sale — aureolaré con tu poema una surte de revista, u hoja PRISMA

Manda originales por si acaso se realiza. lo de PRISMA no deja de escribirme.

Te abraza estrechamente
Jorge — Luis

del inansario... ULTRA murió.

© Jairo Osorio

© Jairo Osorio

"Ser colombiano es un acto de fe": con María Kodama en Cartagena, 1978.

Páginas anteriores
*Borges en Medellín. Sus intervenciones en Colombia movilizaron a centenares de seguidores.
Quien lo acompaña en la foto de la izquierda es el novelista Manuel Mejía Vallejo.*

A Leonor Acevedo de Borges

Quiero dejar escrita una confesión, que a un tiempo será íntima y general, ya que las cosas que le ocurren a un hombre les ocurren a todos. Estoy hablando de algo ya remoto y perdido, los días de mi santo, los más antiguos. Yo recibía los regalos y yo pensaba que no era más que un chico y que no había hecho nada, absolutamente nada, para merecerlos. Por supuesto, nunca lo dije; la niñez es tímida. Desde entonces me has dado tantas cosas y son tantos los años y los recuerdos. Padre, Norah, los abuelos, tu memoria y en ella la memoria de los mayores —los patios, los esclavos, el aguatero, la carga de los húsares del Perú y el oprobio de Rosas—, tu prisión valerosa, cuando tantos hombres callábamos, las mañanas del Paso del Molino, de Ginebra y de Austin, las compartidas claridades y sombras, tu fresca ancianidad, tu amor a Dickens y a Eça de Queiroz, Madre, vos misma.

Aquí estamos hablando los dos, et tout le reste est littérature, como escribió, con excelente literatura, Verlaine.

J.L.B.

Las firmas de Borges y María Kodama.

© Jairo Osorio

"Nadie rebaje a lágrima o reproche / esta declaración de la maestría de / Dios que con magnífica ironía / me dio a la vez los libros y la noche": Del "Poema de los dones".

no creador. Pero también creyó siempre que la literatura era un sueño dirigido y que había pasado tantas horas como la mitad de su vida, pensando en una mujer. Esto último, se me ocurre, debe ser natural, pero sólo un pensador como él pudo tener clara conciencia. Su aventura con la alquimia y la cábala concluirá en su prosa con la increíble "Rosa de Paracelso", relato sobre la relación entre maestros y discípulos y sobre el camino como meta, el proceso como realización, el destino unificado en su sentido. Aparte de que en las mismas *Ficciones* está "El milagro secreto", donde el Mago sólo pudo ocuparse en su obra desde su mente. Además, la circunstancia vive un ritmo de peligro acelerado, las invasiones del nazismo.

De los relatos policiales del libro *El jardín de senderos que se bifurcan*, el de este mismo nombre está dedicado a Victoria Ocampo y "La muerte y la brújula" a Mandie Molina Vedia. Recordemos que es el Borges de los nueve años de la biblioteca Miguel Cané y los primeros grandes relatos. Los atardeceres pasan entre los Bioy y su sociedad creadora, cuando no tiene invitadas a cenar. Hay una dedicatoria en iniciales en "La forma de la espada" que se vuelve más enigmática por la naturaleza del relato. El libro destila insomnio y soledad y como el título de la obra que dona el epígrafe de "La biblioteca de Babel", su anatomía es lo melancólico. Dos personajes femeninos participan de las ficciones, la protagonista del drama de Herbert Quain, "El espejo secreto", que es hija mayor de general y se quiere que por algún diálogo la encontremos amazona y altiva y sospechemos que no suele visitar la literatura, y Julia de Weidenau, novia del barón de Roemerstadt y pretendida por Kubin, loco que se hace pasar por el barón en el drama "Los enemigos", de Jaromir Hladík, protagonista del relato "El milagro secreto".

La Divina comedia *en el tranvía*

Hay otro Borges principal de entonces: el asiduo lector de Dante en la biblioteca y el tranvía. Quizá por él entendió que la mitad de nuestra vida puede consistir en pensar una mujer. Los años acabaron por coleccionar un libro de conferencias suyas sobre la *Divina comedia*. Impresiona y resulta especial para nosotros la interpretación que da del alma de Dante en su prólogo a la versión Jackson de la obra. Estela Canto revela que rechazaba el dogmatismo dantesco. Si así es, también admiró la capacidad transgresora y temeraria del primer padre universal de la poesía. Dante hace naufragar a Ulises con una expedición de últimos compañeros, en la frontera entre el mar nuestro, conocido, el Mediterráneo y el mar tenebroso, el desconocido Atlántico. Van más allá de las columnas de Hércules y una inmensa montaña de agua los borra. Esto sucede en el Canto XXVI del Infierno. Borges creía que Dante, consciente de sus atrevimientos y transgresiones, temió siempre que en cualquier momento podía ser fulminado, en castigo de su temeridad, como aquel Ulises. Si no fuera cierto, resulta de todas maneras una interpretación de muy noble justicia con lo que pudo padecer Dante, al menos en el aspecto de la lucha con su propia conciencia. Cuando, por ejemplo, componía un juicio universal, dentro de una religión que contraindicaba juzgar o en su conflicto cierto y peligroso con el papa Bonifacio VIII. El primer relato del *Aleph* borgesiano trata de anular aquella muerte de Ulises y convertirla en el viaje a la ciudad de los inmortales, que le vaticina Tiresias en el Hades y que sólo se realiza en nuestro tiempo en la página de Borges. Insistía en que a pesar de las relaciones muy estrechas con casos como el original dantesco, nunca logró hablar el italiano.

Anarquía y concepción política

El anarquismo del autor de *El caudillo* y de su hijo Jorge Luis no era el del sabotaje y la desestabilización, menos el terrorismo, sino el de la desconfianza en las medidas estatales, sana prevención crítica, relativamente prohibida y aun satanizada. Prefería, como Marx, pero sin sus métodos bélicos de supuesta eficacia inmediata, anhelar una sociedad sin gobiernos. Esther Vásquez comenta que sería entonces una sociedad de hombres como él. También Israel antiguo carece de Estado, de rey, hasta que se le ocurre exigirlo durante el segundo libro del profeta Samuel, con el pretexto de que quieren ser como los demás pueblos.

Sintió y vivió la Argentina como patria pero carecía de concepción nacionalista, que es, según Vargas Llosa, la cultura de los incultos. Quería un mundo para el hombre y nunca naciones encerradas en sí mismas y dirigidas por lo que llamó "la canalla sentimental que ha usurpado el nombre del pueblo". En el "Tema del traidor y del héroe" pareciera postular que éstas son las dos caras necesarias para vivir el destino de líder político. ¿Quiere decir que la trama superpuesta de los grandes negocios del mundo impide que cualquier gobernante sea leal con su pueblo? Un historiador investiga los testimonios de una revolución triunfante en Irlanda o en cualquiera de nuestros países. Encuentra semejanzas simétricas con los asesinos de César y de Lincoln, como el teatro para morir o el mensaje en el bolsillo de la víctima, donde se le previene la fecha de su muerte. Al cabo, por encontrar muchas interpolaciones de Shakespeare en los documentos, termina por descubrir una traición del héroe, descubierta por un dramaturgo: James Alexander Nolan. Se organiza entonces la ejecución del héroe traidor, pero de tal forma que su modo de morir desencadene el éxito de la revuelta. La población idolatra a Kilpatrick, y saberlo asesinado hará que todos se alcen para derrocar el gobierno. Si bien implica con tantos alcances política y literatura y crea, como otras veces, un trasfondo policial, la tragedia es la misma de "El muerto", en *El Aleph*. Kilpatrick, héroe de Irlanda, está envuelto entre un drama previsto y una multitud manejada, como Benjamín Otálora. Ambos son el muerto al final del drama organizado en el que todos participan. Los dos han recibido el mayor honor, antes de morir, como las víctimas rituales sacrificadas por la fertilidad en el mundo antiguo. Ambos son héroes traidores que trabajan por el primer lugar, sólo que la consecuencia de la muerte de Kilpatrick es inmensa.

Borges introduce el relato con la alusión de Chesterton "exhornador de elegantes misterios". Alguna vez escribió que

Azevedo Bandeira, el jefe de la banda gaucha que deja reinar y mata a Benjamín Otálora, es una suerte de Sunday, el incomprensible jefe de la banda de *El hombre que fue jueves*, de Chesterton, cuyos miembros se llaman como los días de la semana. Mucho más como Sunday resulta James Alexander Nolan, el extraño dramaturgo del ceremonial colectivo irlandés de la muerte triunfante del traidor héroe. Don Alejandro Glencoe, el jefe de la empresa de "El Congreso", es otro sorprendente Sunday. Todos se vuelven metáforas del destino, principalmente Nolan.

La prueba del coraje

Afirma que "El sur", el relato que cierra el segundo conjunto, el de los *Artificios*, probablemente sea el mejor. Ahí narra el riesgo y el deslumbramiento de la septicemia y enfrenta a muerte la sangre inglesa con la barbarie de la pampa. Es un poco el poema conjetural, la muerte bárbara en guerra gaucha del jurista y escritor Laprida, el conflicto de la conocidísima consigna de Sarmiento, civilización o barbarie. "El sur" los deja enfrentados a muerte, a la parte masculina de la sangre inglesa con la parte bárbara de Argentina. En cambio, la "Historia del guerrero y de la cautiva", en *El Aleph*, así como la historia misma de la abuela paterna del poeta, reconcilian lo primitivo de la pampa y la mujer inglesa. Al fin de cuentas, Francisco Borges, esposo de Frances Haslam, murió de ese conflicto, vivía en la guerra gaucha. Los héroes de Borges pasan por ese enfrentamiento con la muerte, es como su bautizo, podemos comprobarlo en las respuestas de Eguren y Ferri al matón en "El Congreso".

Su culto del coraje fue más que teórico y no sólo una herencia de Carriego. Son muy claros ejemplos su actitud ante una persecución maleva sufrida con Ulises Petit de Murat, cuando un ademán inocente de Borges con un bastón contra una reja hizo que los matones se creyeran provocados. Se negaba a correr y hubo que obligarlo. Cuando empezaron a gritar les respondía cosas como: "¡¿Qué decís, Mamerta?!". "¡No te entiendo, Ramira!". Pero la más definitiva situación en este sentido fue la decisión airada con que retó al estudiante que interrumpió por momentos su clase y quiso quitarle la luz, a que lo sacara del escritorio. El motivo era que había muerto el Che Guevara.

El suceso merece comentario porque en las cifras borgesianas Guevara podía significar el valor de los violentos argentinos elevado a heroísmo histórico. Juan Muraña, educado por una guerra de libertad y una facultad de medicina y una militancia política y convertido en un genio de la guerra y la administración comunistas, en un héroe mundial, ministro de finanzas en un país que no es el suyo y gerente de su banco nacional. Su valor ante la muerte tuvo mucho de base para todo aquello. Borges no quiso o no pudo entender. La gesta de Guevara en los baldíos de los Andes bolivianos se inició cuando él había quedado del todo ciego y quedó de este lado con el valor de Paredes, Muraña, los siniestros Iberra y el excepcional Facundo. Guevara fue para Lezama y Cortázar.

Alguna vez le reprochó a Hemingway la caza de leones, que era otra prueba mortal de valor, y quizá lo hizo por desconocer las páginas de *Enviado especial*, donde Hemingway expone las condiciones éticas para justificar tal aventura. Tal vez también ignoraba *Muerte en la tarde*. Por las alusiones de entrevista puede suponerse que reflexionaba sobre esta literatura basada en la experiencia física y con alguna ironía, porque bien sabía que el combate espiritual puede llegar a ser tan grave y peligroso como la lucha a muerte, se fingía resignado con sus aventuras mentales. En la necesidad ante sí mismos de ser valerosos, eran iguales, entre trajes y paisajes distintos. Las aventuras de biblioteca, mapamundi y escritorio de Borges se hacen sentir tan intensas y peligrosas como un safari. Alguna vez quizá lleguemos a entender que sus tigres son o pueden ser tan reales como los leones retados por Hemingway. La razón del culto del coraje en Hemingway parece haber sido de raíz adversa, porque nace en los sufrimientos de su padre con las violencias de algún colono.

En Borges, la raíz puede estar en la vida y muerte de sus abuelos y en el trasfondo del coraje argentino. Es ejemplar la invitación que hizo a la voz amenazante del teléfono, cuando llegaba la gloria, para que viniera a matarlo en su desamparado sexto piso de Maipú, porque resulta conveniente una muerte así para la fama de un poeta. Quizá lo amenazaran por evitar el fútbol y el peronismo. Relatos como *Los asesinos*, de Hemingway, y *La espera*, en *El Aleph*, son, por lo menos, de la misma naturaleza.

dentor. Son los argumentos de Nils Runeberg en pleno siglo
xx y con centro en la ciudad universitaria de Lund. Todo esto
trata de fundar cierta legitimidad en la señal donde los evangelios parecen considerar necesaria la acción de Judas para la
plena consumación del destino del hijo, una tragedia dentro
de otra. Es posible que aquí empiecen a surgir los genocidas
autoconvencidos, los yagos de las guerras de los últimos tiempos, aludidos ya y que son el espía chino del relato "El jardín
de senderos que se bifurcan" y el capataz del campo de concentración del "Deutsches Requiem". Los escritores román-
ticos que intentan y acaso superan la literatura, que pudo
soñar y construir en los años de la primera de las bibliotecas
públicas de su vida laboral, ceden el paso a los representantes
del conflicto entre el pensamiento real, de un lado, y la opre-
sión y la muerte, reforzadas por el Estado y el dinero, del
otro. Casos como Menard y Quain merecen una definición
equivalente al significado de la palabra *quaint*: bello, por
extraño. Estas extrañezas bellas de la literatura se eclipsan
para que Borges nos comunique la situación padecida por
destinos literarios y pensadores como Walter Benjamin o Stefan
Zweig y propiciada por militares alemanes. Los que no alcan-
zaron a soportar la persecución discriminada dentro de la guerra y por eso enloquecieron hasta el suicidio, como el simbólico y emblemático poeta David Jerusalem en el "Deutsches
Requiem". Esta cara no la ignorábamos tanto como la otra,
la del criminal de guerra, quien también se revela con profundidad. Las maldiciones y exaltaciones del discurso político
casi tornan irreal al criminal de guerra, en tanto que el arte

literario nos muestra su realidad muy posible y su significación y los aspectos de su formación y su filosofía de la muerte y también sus gustos, que no excluyen lo más apreciable del arte y del pensamiento: Schopenhauer, Shakespeare, Beethoven. El cine sobre estas imágenes se entiende mejor por medio de los relatos de Borges.

La otra muerte de Martín Fierro

También el mito de la pampa entra en otros planos, durante el siniestro azar de la guerra. En "El fin", de *Ficciones*, ha hecho morir en su ley al gaucho Martín Fierro, con prolongar su leyenda. Le ha escrito un último capítulo donde da al hermano del negro, muerto por Martín, la oportunidad de vengarse y a Martín la de morir con las cuentas saldadas. Contempla el duelo Recabarren, paralítico y sin habla, de manera que todo sucede a través de la economía relatora del ojo de la cámara de cine, como con todos los recursos de la leyenda del Lejano Oeste, incluida la ingravidez de las imágenes en la cámara lenta. Estamos entonces en el Borges obsesionado con el deber ser de la derrota de Hitler y el pavor abismal ante las posibles personalidades y destinos de una nueva época con ultramultiplicada técnica bélica, de quien nos ocuparemos antes de entrar de lleno en *El Aleph* y sus días y los ensayos de *Otras inquisiciones*.

Pronto estaremos en Pierre Damiami, otro capítulo del valor contrariado, un relato donde leemos cómo la vergüenza de una cobardía puede trabajar un destino hasta abarcarlo. Ahora entramos en el Borges antinazi, el de la revista *El Hogar* y el de *Sur*, para la cual pidió Victoria Ocampo su página sobre el 23 de agosto de 1944. "El jardín de senderos que se bifurcan" ha convocado en una trama de espionaje la sabiduría taoísta, la literatura, los laberintos: una novela que es la maqueta de un laberinto que es la profecía de los destinos de quienes en el momento del relato observan la maqueta y comentan las peculiaridades de la novela. Todo esto dentro de las leyes y el vértigo de la Segunda Guerra Mundial. La obra y el plano arquitectónico en escala remiten a la historia universal múltiple, el número infinito de historias universales posible que se contempla en *El hacedor de estrellas*, de Olaf Stapledon, y que quizá sea el verdadero y necesario relato. Al final, el ingeniero chino-nazi, nieto del laberíntico artista, decide matar al capitán inglés estudioso de su antepasado, porque sólo así podrá transmitir a sus cómplices la palabra clave para que logren volar una ciudad. El apellido del sinólogo inglés y el nombre de la ciudad son la misma palabra.

El 23 de agosto de 1944 y 1899 y el 14 de junio de 1940 y 1986

Puede ser, con "El inmortal", el cuento más desbordado de Borges, el que más sobrepasa el límite espacial del género. La relación del poeta con la guerra, en lo que a París se refiere, fue tan misteriosa y difícil de explicar como el desenlace de aquel relato. Borges nació el 24 de agosto de 1899 y murió el 14 de junio de 1986. París fue invadida el 14 de junio de 1940 y li-

berada el 23 de agosto de 1944. El suceso articula la mitad
de su vida, que vivió 41 años antes de la invasión y 42 después de la liberación. Las casi mismas fechas en ambos polos,
los de la guerra y los de su vida, podemos jugar a leerlas como
una revelación extraverbal de que en Borges fue el hecho para
el cual preparó su inteligencia y su arte en la primera mitad
de su vida y el que más pudo afectarlo con relación a la segunda mitad. Tenemos que reconocer, por varias coincidencias
así, que los calendarios hablan de un orden confundido o
perdido. Ya vimos a Jaromir Hladík crear su Golem dramático, "Los enemigos", por medio de una ficción de superación
mental del tiempo, en "El milagro secreto". Ahora el cerco se
cierra sobre David Jerusalem. El nazismo ya no sólo persigue
personalidades e inteligencias judías, sino a todos ellos, y aparte de encarcelar y fusilar, tiene ahora técnicas para enloque-
cer sus inteligencias mejor dotadas hasta suicidarlos: El Walter
Benjamin de Port Bou y Stefan Zweig con su esposa en Rio
de Janeiro.

La conversación universitaria y artística de la segunda mitad del siglo pasado, al igual que la prensa, ignoraron a este
Borges combatiente, limitándose, para su mal, a juzgarlo según el desconocido y menos estudiado materialismo dialécti-
co "que les servía para cegar cualquier discusión", como aquel
personaje de su relato "La forma de la espada". El hecho de
que el combatiente sea un artista y sus medios nunca sean la
propaganda política, tal vez lo haga más interesante. Sabemos que una relación militar, armada, con estos conflictos,
produce la defensa o la muerte del injusto y del justo. ¿Qué

produce la relación desarmada, mental, de Borges? Todavía
no existe ciencia para saberlo ni técnica para medirlo.

En 1942 recibió un segundo premio del municipio de Buenos Aires por "El jardín de senderos que se bifurcan". El primero fue para la novela *Ramón Hazaña*, de Eduardo Acevedo
Díaz. Borges soportaba sereno como quien presiente su real
valor, pero sus amigos, incluidos Sábato y Anderson Imbert,
quisieron desagraviarlo por la injusticia en *Sur*. Después Enrique Amorim creará con éxito un premio de la Sociedad Nacional de Escritores, para *Ficciones*. Son los años en que escribe el poema "La noche cíclica", dedicado a Sylvina Bullrich,
y selecciona con ella la antología de quince autores titulada
El compadrito, su destino, sus barrios y su música. Se mantuvo la cortesía, pero parece que la relación produjo mutuo
desafecto. Son también los días de Pipina Diehl de Moreno
Hueyo, benefactora cultural, esposa de un magistrado, durante cuya viudez se rumoró una posible boda con el poeta.
Hay otros dos poemas de entonces, "Del infierno y del cielo"
y "Poema conjetural", que reviven el conflicto civilización y
barbarie y pueden ser reflejo profético de su próxima resistencia siempre indeclinable con el peronismo, por la vulgari-
dad demagógica y prolongación del estilo Rosas. Llegamos
ahora a su controvertida relación con Estela Canto, biógrafa
suya y destinataria de su relato "El Aleph".

Borges y Bioy Casares realizaron una antología llamada
Los mejores cuentos policiales, publicada por Emecé en 1943.
Así, abren un diálogo con los lectores que genera la colección
Séptimo Círculo, con autores como Wilkie Collins, Charles

Dickens y Graham Greene, que sacó con ellos más de 180 títulos y fue heredada por Carlos Frías, quien editaría *El hacedor*.

El Aleph o *la pesadilla múltiple*

En las entrevistas de Gustave Janouch a Franz Kafka aparece un libro de Edgar Poe y otro de Robert Louis Stevenson. Kafka los señala y dice algo como "huir de una misma pesadilla". Resultarían estas palabras una definición también perfecta para *El Aleph*, que agrava con mucho los factores terror y muerte, con relación a las melancólicas *Ficciones*. Varios ven, en algún punto de la extrema aventura, una cifra del universo o su sentido, o ambas cosas, y quizá sólo Emma Zunz y Borges mismo, en el relato "El Aleph", pueden volver íntegros a la vida ordinaria, la una después de realizar un crimen perfecto, y el otro después de ver la letra principal que también significa Dios y que contiene la visión unificada del cosmos en una diminuta esfera, sin interrumpir ninguna presencia con otra. Pero David Jerusalem y el Borges de "El Zahir" enloquecen y no pueden salir sino por la muerte o el suicidio, de la idea fija de la extrema visión que tuvieron. "Deutsches Requiem" y "La escritura del Dios" comparten la característica de relacionar a un militar de un país invasor con una víctima que es un símbolo espiritual, sacerdote o poeta, de la nación invadida. Ambos relatos pudieron ser los más inquietantes del conjunto. En el primero sabemos que Borges opta por Shakespeare y hace hablar al capataz del campo de concentración, como el dramaturgo mostró la maldad pura de Yago en *Otelo*. Del sacerdote de "La escritura del Dios" y su verdugo y tirano carcelario, el conquistador español Pedro de Alvarado, surge mucho sentido para Hispanoamérica y su situación.

BORGES Y AMÉRICA PRECOLOMBINA

El relato sobre el verdugo nazi debe leerse al lado de "Anotación al 23 de agosto de 1944", que figura en los ensayos de *Otras inquisiciones*, pues el ensayo sobre la fecha de liberación de París es la verdadera posición del poeta, que juzgó al nazismo irreal por desaforado y entendió que era imposible: el crimen por el crimen pronto se destruye a sí mismo. El mensaje del Dios maya o quiché encontrado en las rayas del tigre por Tzinacán, el sacerdote, cuyo nombre significa murciélago, connota para nosotros un punto de vista más real sobre la Conquista y el americano original, que la incesante cantinela de nuestro sentimentalismo político, la visión que se reveló a Borges de la prehistoria americana. Borges teme que las condiciones de la política desvirtúan la relación plena de humanidad y también con este problema renunció a la cara ideal y poética, que construyeron con eficacia Asturias, Neruda y Lezama Lima. También y primero que todos Martí, quien volvió a soñar las tribus precolombinas antes y, como ellos, para reforzar la rebelión. Borges parece haberse fijado en una verdad documental. Del capítulo 30 al 32 del *Popol Vuh*, nunca podrán excluirse dos verdades: la lluvia, el Dios pluvioso, era llamado con sacrificios del corazón de los indígenas; la ofrenda empezaba por "herirse debajo de la axila". *La rama dorada* enseña que Europa no fue menos experimentada en tales costumbres y ritos, pero pareciera que América necesita negarlos. El lugar donde los jefes ocultan al Dios pluvioso es una honda cueva rodeada de tigres y serpientes. El Dios pluvioso y sus ángeles y arcángeles. En este libro no se disimulan el odio y la muerte, como vivos también en el purísimo salvaje original de América.

Un relato de Rubén Darío, que es también crónica periodística, nos muestra en lo real histórico, a comienzos del siglo XX, 1912, un rito de ofrenda humana para una serpiente gigante. Unos indígenas dirigidos por un revolucionario cura sincrético, de cananas y fusil, matan a un gringo errático que iba en el grupo del poeta y un revolucionario regular. El gran Darío, insomne, vaga por la alucinante noche y acaba frente a una jaula que contiene una inmensa serpiente. Advierte roídos miembros humanos dispersos por la jaula y descubre, en el eje de la escena, el rostro muerto del gringo. Rubén Darío viaja y observa como periodista. El relato se titula "Huitzilopochtli", que es el Dios que recibe la ofrenda de corazones que mata a los indígenas en el México precolombino, así como pluvioso en aquella Guatemala. La posición de Borges frente al mito del buen salvaje fue del todo opuesta a la imagen generalizada. Recordemos en su poema "España" la invocación: "España de la larga aventura, que descifró los mares y redujo crueles imperios".

Ignoramos si las aventuras subterráneas de Tzinacán en la prisión compartida con el tigre o la de Borges en el sótano de la casa de Carlos Argentino Daneri, anticipan o relatan peripecias directas del enfrentamiento abierto entre el desprecio de Borges y el fervor de ciertos peronistas. Estela Canto dedica un capítulo a "El Zahir", otro a "El Aleph" y otro a "La escritura del Dios". En ellos nos recuerda que Borges se consideraba agnóstico, esto es, discípulo de Platón y Kant en aquello de que el verdadero saber es estar cierto de poder saber o conocer bien nada. Parecería que lo consideró indiferente con relación al bien y al mal y la verdad es que él no pudo autoengañarse con ilusión política o utópica, acerca de un fácil erradicar la violencia y el mal en el mundo. Decidió escuchar los reclamos de héroe y los de verdugo. Tal vez pensara, como Maritain, que el diablo es puro, porque considera bueno lo que hace. Llevó esto hasta hacer monologar el conquistador y el inquisidor. Querríamos y buscaríamos otro mundo, pero no podemos negar a Borges su cercanía con la verdad.

En tales capítulos está también el galán Borges, tímido hasta lo innecesario, a quien Estela escuchó en días importantes para ambos destinos y plantó después por experimentos más audaces. Ella intentó luego un renacimiento con métodos contraproducentes: Ya Borges, como Tzinacán, estaba olvidado de aquel Borges que en una vida anterior se enamoró y perdió a Estela Canto. La dedicatoria de "El Aleph", el relato, no la privilegia pero tampoco la condena, porque el trato de Borges para Beatriz Viterbo, la protagonista, es innoble con la apreciación de la mujer, sin que esto disminuya la importancia del relato. El manuscrito, muy corregido, quedó en casa de ella y con los años y sus valorizaciones se le convirtió en una significativa solución económica. Son muy valiosos sus recuerdos de la moneda brillante que le devolvieron al poeta en un boliche de la esquina de Chile y Tacuarí, donde ella vivía y el paseo al parque zoológico y su jaula del tigre de Bengala, cuando él aún soñaba un escenario hindú, para explicar su visión del mensaje del Dios en la piel de los tigres.

Los relatos de *El Aleph* son terroríficos y violentos; como el mundo de la época en que se escribieron, impresionan y se graban como una quemadura.

Hay la insinuación de que los dúos enemigos pueden configurar un solo destino, ser ambos el otro, como le dijo el profeta Natán al rey David, después de que éste asesinó a Urías: "¡Tú eres ese hombre!". Así ocurre con Borges y Carlos Argentino, con David Jerusalem y Orto zur Linde y con "Los teólogos", donde uno de los dos dedica su vida a polemizar con el otro, hasta que acaba por denunciarlo en términos de dogmas y herejías y hacerlo destruir. En la eternidad advierte que, para Dios, él y su teológico enemigo eran una sola persona. Existe en el fabulario del conde Lucanor un relato donde un ascético monje y el violento rey Ricardo Corazón de León son la misma persona en la eternidad. El monje preguntaba insistentemente a Dios quién sería entonces su otra mitad, y Dios responde primero que no le gustaría mucho saberlo.

En "Abenjacán el Bojarí, muerto en su laberinto" se prolonga la vida del gánster amenazado de muerte de "La espera". Se relata la probabilidad del visir cobarde que asesina, durante el sueño, a su rey valiente y cruel, se hace al tesoro y luego huye y erige un laberinto visible, ¿para provocar o para esperar la venganza? El rey o el fantasma del traicionado rey que vengará la traición de su visir, si la hubo, viene o vendrá para siempre por la conciencia hasta enfrentarse en el centro del laberinto. Mucho menos probable es, en verdad, que el propio rey haya matado, por cobarde y por el tesoro, a su visir y nos parece más realidad posible el camino que toma el cuento, con el culpable visir asesino y ladrón que huye y espera en su laberinto. La leyenda complementaria que alude el ministro eclesiástico en el púlpito, después de la cita de Bojarí, narra el conflicto, pero con la justicia del lado del valiente y santo. Extraña leyenda de número arbitrario y sin correspondencia real con el número de la noche de *Las mil y una noches*, que se le atribuye y que figura con autor distinto de Borges en la antología de relatos de Edmundo Valadés titulada *El libro de la imaginación*. La firma el capitán Richard Francis Burton, traductor de las noches y autor de relatos fantásticos. ¿Quién aquí se equivoca? ¿Hubo alguna burla de la inocencia erudita del lector? Su título es "Los dos reyes y los dos laberintos".

Las 'Odiseas'

"El inmortal" parecería un relato para tender un puente entre las más famosas odiseas, la de diez años mediterráneos de Homero y la de un día en el Dublín de James Joyce. Puede también ser un postulado o el descubrimiento de que todo auténtico destino literario implica la estructura odiseica o, mejor, homérica. Es decir, todo destino literario sufre su guerra de Troya y su viaje de retorno a Ítaca, en diez años o un día, en Riga o en Esmirna o en Guatemala, su experiencia puede ser precisa metáfora del destino del también autor de

La batracomaquia, o guerra de las ranas y los ratones. ¿Será así? ¿Podría probarlo la resurrección continua del tema en la poesía? Los trágicos, Virgilio, Ovidio, Dante, Pope, Tennyson, Joyce, Agustí Bartra, ¿no son prueba de su presencia permanente, su continuo retorno? Deben bastarnos como prueba los sucesos de la Dublín del 16 de junio de 1904, vividos, soñados y poetizados por Joyce. Pero, además, Odiseo es el Aladino de *Las mil y una noches*, sus viajes de perder y ganar todo y su última expedición a la ciudad de bronce demuestran que es más estructura siempre revivida de una cifra poética, que experiencia de un solo destino.

Aladino es Odiseo. Averroes revive a Aristóteles con su comentario, y Borges nos lo presenta incorporando los conceptos de tragedia y comedia a un renovado examen de la cultura islámica. Es, quizá, el más explícito de sus trabajos de metafísica idealista. Aristóteles existe porque alguien lo piensa, y Averroes otra vez existe en el momento de pensar dos subgéneros dramáticos analizados por la poética aristotélica, porque Borges lo piensa pensando aquello y construye una vida y vivienda cordobesa de Averroes y amigos alcoranistas y poetas y viajeros, conocedores todos de las sentencias y exigencias del Corán. Hasta un harem con una esclava pelirroja, torturada ese día por sus compañeras, construye. Deja todo eso comprobable en seis páginas y, cuando deja de pensarlo, según Borges, Averroes desaparece. Otra vez el mundo presentado en su obra como una "actividad de la mente, un sueño de las almas".

Borges, bibliotecario nacional

Hemos llegado al Borges director de la biblioteca. Ya el aparente o real desorden del universo tuvo en sus manos la forma de una biblioteca babélica, donde están todos los libros y todos los lenguajes. Ya fue funcionario medio, lector abundante y variado y escritor casi furtivo durante nueve años de vida laboral en una biblioteca. Vivió, además, la destitución y cambio por el cargo de inspector de aves en el mercado, por una persecución burocrática de peronistas cuyos detalles ignoraba Perón. Para evitar la salida del poeta, un funcionario lo cambió a la inspección de aves. Ahora Esther Zemboraín de Torres y Victoria Ocampo, destinatarias principales de "El jardín de senderos que se bifurcan", como libro Esther y como relato Victoria, recomiendan a Borges ante el ministro de Educación Atilio Dell'oro Maini, para bibliotecario nacional. La biblioteca queda en la calle México 564. Durante los días en los que la dirigió Groussac, el edificio había sido pensado para sede de la lotería y éste convenció al presidente para que lo destinara a la biblioteca. ¿Lo sabría Borges cuando escribió "La lotería de Babilonia" junto a "La biblioteca de Babel"? ¿Fue una profecía adelantada, como tantas, por la poesía?

Borges entra, entonces, en posesión de lo que ya era suyo, por años de pensamiento y labor lectora, burocrática y artística. Nadie como él entre los próximos a la biblioteca se ha relacionado con ese mundo que ahora dirige y que ya nunca podrá leer otra vez, casi tampoco ver. Las meditaciones sobre esto, desde la valerosa y sorprendente del "Poema de los dones", se prolongarán hasta el final con igual temple y enigma. La pérdida gradual y un tanto dolorosa de su visión quiso considerarla en cierto modo grata y tal vez necesaria. Cambiaron mucho sus hábitos de trabajo y se convirtió en un autor oral, como podemos enterarnos por el libro de María Esther Vásquez, quizá la crónica biográfica mejor autorizada hasta hoy sobre incidentes familiares y el período de la dirección bibliotecaria del poeta. Además, no ajustaba allí sólo física y psíquicamente como el mejor experimentado lector y bibliógrafo, sino en lo metafísico, en su destino análogo de intelectual crítico con Paul Groussac, quien la dirigió 45 años, hasta 1928, y concluyó ciego la gestión, y con José Mármol, que murió igual y la regentó entre 1858 y 1871.

Revivió la revista *Biblioteca*, de Groussac, y aportó con sus amigos un centro numeroso y gratuito de alta actividad académica, donde el subdirector y organizador de la edición de sus obras completas, José Edmundo Clemente, enseñaba los presocráticos, Zally Wenner, la destinataria de "El Zahir", enseñaba arte dramático y participaban funcionarios, obreros y gentes vecinas. La biblioteca se hizo célebre por su director y sus visitantes y la resurrección de sus mejores costumbres, como una suerte de trono salomónico. Borges recibía con su proverbial y modesta amabilidad y su disposición al grato trabajo de escrituras, lecturas y estudios, estos últimos de la gramática y poesía sajona e islandesa. Asisten estudiantes, empleadas y amigos, siempre dispuestos a leerle o tomarle dictado. La principal colaboradora como compañía próxima y casi par, aunque por las fotos sea una linda jovencita mucho menor, es la señora Vásquez, que realizó con él los estudios generales publicados sobre literatura inglesa y germánica medieval. Entre las amistades de aquellos ejercicios se destaca Vlady Kosiansich.

El profesor de literatura inglesa

Ya desde 1947 surge un Borges oral tras superar una timidez que creyó invencible. La aventura se inició con una conferencia tan interesante como larga sobre Nathaniel Hawthorne, contemporáneo reconocido por Edgar Allan Poe y autor de *La letra escarlata*. Pero ahora, poco después de posesionarse como director de su invisible Babel libresca, se le nombra profesor de literatura inglesa de la Universidad de Buenos Aires. Difícil encontrar otro que haya hecho más camino al andar por esa materia de su gusto lector, desde su infancia aquí y sus días jóvenes en Ginebra. Los *makers*, los poetas muertos, las altas mitras, desde Beda hasta Thomas de Quincey, salen vivientes a su encuentro en la universidad, disfrazados de protocolos institucionales y alumnos argentinos. Nadie cuadra o encaja mejor que él en esa función.

Entre tanto, *El hacedor*, su libro más personal según el propio autor, se escribe solo. Es decir, se escribe sin propósito de libro ni recursos de encantación. Carlos Frías, director de Emecé y editor de sus obras completas, llama al flamante bibliotecario nacional y profesor titular de letras inglesas, para agregar un nuevo libro a su colección. "No tengo ningún libro", alega Borges. "Todo escritor tiene uno", afirma, con acierto, Frías. Borges busca y, entre grandes sorpresas, colecciona *El hacedor*, traducción propia de la palabra inglesa *maker*, para designar al poeta al modo griego: creador.

Cree que lo escribió con otro concepto de literatura, que tal vez predominará desde entonces, no obstante tres colecciones de relatos, tan intensos y violentos como los anteriores, pero ahora muy purificados de ostentación erudita y giros verbales deslumbrantes. Los asombros se vuelven inolvidables por la sobriedad concentrada del relato. Los principales hacedores son Homero, Dante, Cervantes y Shakespeare. Los hacedores maestros y próximos: Alfonso Reyes, Macedonio Fernández y Pedro Henríquez Ureña. Otros, definitivos, son Quevedo poetizado en su ancianidad, Camoens y Ariosto. Éstas y otras voces han organizado sus signos y se convirtieron en libro antes de advertirlo su autor. ¿Hablaron por cuenta propia? Camoens, como poeta de *La Eneida* portuguesa, y Ariosto, como maestro liberador del arte crítico de Cervantes.

Es conocida la sentencia de Nietzsche que afirma que "las grandes obras se hacen por sí solas, sin previo plan de volverlas libro". Los hacedores y casi todos los temas de siempre en Borges participan en este libro de poemas y textos en prosa: Perón y el pleito de la frialdad criminal del tirano Rosas con el valor salvaje del *Facundo*, los tigres, los compadritos, *Los espejos velados*, esta vez en una suerte de Zahir, pero la moneda fatídica es ahora Borges y la locura está en una joven que lo acusa de "sustituirle la imagen en el espejo". Están Argentina, la muerte, toda la leyenda de los Borges hasta sus difusos orígenes portugueses, la lengua inglesa, el arte poético, el amor y el principalísimo hacedor *Martín Fierro*.

Podemos calificar este libro como la tradición pura, manifiesta sin sortilegios de encantador. Él ha querido identificarlo como mapa de su destino terrestre, como primera imagen poética de su cara. En verdad su obra a veces parecería un mapa viviente y total de la literatura, como el relato de aquella cartografía monstruosa que incluye el libro *Historia universal de la infamia*. Para nosotros, parece también que para él, *El hacedor* ha sido el más preciso y puro arte que produjo, junto a varias composiciones posteriores.

BORGES UNIVERSAL

Este libro esencial precedió al campanazo de su definitivo reconocimiento universal. Roger Caillois pensaba el arte literario en justos términos de grandes personalidades como Rimbaud y Mallarmé, y grandes escritores, como Balzac o Borges. A su vez, cinco editoriales: Seix Barral, de España; Einaudi, de Italia; Weidenfeld and Nicholson, de Inglaterra; Grove Press, de Estados Unidos, y Ernst Rowohet Verlag, de Alemania, decidieron premiar con 10 mil dólares a un autor de cualquier nacionalidad, cuya obra pudiera ejercer, en opinión del jurado, donde estaba Caillois, una influencia perdurable en el desarrollo de la literatura moderna.

Este premio, el Formentor, lo recibió Borges compartido con Samuel Beckett. Cualquiera podrá pensar que esto es medio premio, pero para Borges fue un premio doble. Él, que había perdido la visión, como James Joyce, Homero y Demódoco, en busca de la gran poesía, ahora resultaba galardonado con un poeta irlandés, que era el discípulo mejor reconocido por Joyce mismo. Es decir, lo recibía la tradición poética más apreciada por su propio modo de valorar. No sabemos si la novela o el teatro de Beckett lo entusiasmaron; suponemos que compartir el premio lo confirmó irreversiblemente en su destino. No importa que después, como Virginia Woolf, haya considerado brillante fracaso la forma como Joyce planteó su relación entre realidad, obra y lector.

JORGE LUIS BORGES

Borges al cine

Ya para entonces su relato "Emma Zunz" está en el cine desde 1955 con el título *Días de odio*, película realizada por
Leopoldo Torre Nilsson, y *El hombre de la esquina rosada*,
por René Mugica. Hoy todos saben que ninguna le gustó. La
revista *Sur* cumple treinta años y su celebración editorial es la
versión primera de la *Antología personal* de Jorge Luis Borges.
Circulan varios estudios considerables de sus obras desde 1954
y dos años antes ha firmado el epílogo de su libro *Otras inquisiciones*, que tal vez se escribió durante y poco después de *El
Aleph*. Se trata de un admirable volumen de ensayos que acom-
pañan la "Anotación al 23 de agosto de 1944", donde pri-
man la metafísica y la literatura de lengua inglesa. Así como
la economía y concentración de su libro *El hacedor* puede
considerarse la purificación de los excesos de sus anteriores
obras, estas *Otras inquisiciones* podrían ser la cifra de la relación de Borges con el arte y la ciencia.

Los ensayos preferidos

Es posible postular que en dos de los ensayos incluidos se resu-
me la metafísica y el intento por superar el tiempo y la muerte, que prodigan sus últimos poemas desde "El oro de los tigres". Son la página larga sobre Hawthorne y la de Samuel
Taylor Coleridge cuando sueña el poema de Kubla Khan, sobre el palacio soñado también en sus planos por Kubla. Con
Nathaniel Hawthorne empezó el Borges oral, el célebre con-

94

ferencista. Los demás ensayos son también presencias y temas principales a lo largo de su obra y su destino; esto último si se piensa en alguien como Paul Groussac, quien lo antecedió como intelectual crítico y ciego bibliotecario y ensayista sobre Dante y Cervantes. Están allí H. G. Wells, G. K. Chesterton, George Bernard Shaw, Oscar Wilde, sus admiraciones inglesas e irlandesas que no llevó hasta el poema. Están Homero, *Las mil y una noches*, la traducción, Franz Kafka, China antigua, su repaso histórico y filosófico de la refutación del tiempo, la Biblia y la teología ortodoxa y heterodoxa, los idiomas representados por John Wilkins y su idioma analítico, obsesión que trabaja Borges hasta "El Congreso", el famoso relato. Está Thomas de Quincey, a quien sí llevó al poema, muy mencionado y reconocido como maestro, y una curiosidad póstuma del poeta sacerdote John Donne, sobre la muerte de Cristo. El Dios que sueña el mundo y si despertara desapareceríamos y que lleva exacta cuenta de cada detalle y sus relaciones en toda la existencia y la realidad viva de toda la historia humana entretejida en el presente y cada hombre como todos los hombres, es lo que estudian las mencionadas páginas sobre la vida y obra de Hawthorne y el poético sueño del palacio musical de Coleridge, entre aspectos propios del arte de cada uno.

Las decisiones de opinión política

Otras inquisiciones debió ser, como lo demuestran las versiones de *Antología personal* hasta 1985, su serie preferida de ensayos. Así también, entre los poemarios parece que se creía mejor representado por *El otro, el mismo*, prolongación numerosa y varia de la serie en verso de *El hacedor*. Ahí están los poemas escritos a comienzos de los años sesenta, suyos y del siglo pasado, al comienzo de sus viajes internacionales como poeta reconocido. La gran vuelta empezó por Texas el 9 de septiembre de 1961. Antes de recibir la invitación, vio *El Álamo* en el cine, que trata de la agonía y muerte heroica de los norteamericanos Davy Crocket y Jim Bowie situados en México, en defensa del fuerte El Álamo. Él vio la relación entre invitación y película. Vivió en Norteamérica desde septiembre de 1961 hasta febrero de 1962 y padeció nostalgia, aun de las peores partes de Buenos Aires. Visitó también el fuerte El Álamo y exaltó el valor de los héroes norteamericanos caídos, quizá sin recordar que aquello fue una victoria mexicana. Por esto, la izquierda intelectual de México echó atrás una invitación ya programada.

Su anticomunismo y su rechazo a Fidel Castro y al Che Guevara le trajeron más problemas que la invitación de Pinochet. Por lo demás, la comunidad pocas veces ve los personajes con más profundidad que la sola opinión política. Es cómoda la política cuando permite evitar y aun ignorar que un escritor se juzga desde el análisis de un millar de páginas y no desde su inscripción burlona en el conservatismo o su trabajo social próximo a la santidad. La prensa promueve este equívoco. En Norteamérica lo acompañaba la madre de setenta y cinco años, con apariencia de cincuenta y plena salud, tanto que los desconocidos la tomaban por su señora, impertinencia que ella criticaba sin ocultar el halago. Ambos sorprenderían a muchos con su conocimiento profundo y su costumbre del inglés familiar y literario. En cuanto al rechazo de la Cuba revolucionaria, no obstante su admiración casi indiscriminada del valor, creía, como Susan Sontag, que fascismo y comunismo eran totalitarismos para hipertrofiar la autoridad del Estado, desde el sacrificio de toda libertad personal.

La resistencia política por su figura no pudo restar valor a su obra, pero se manifestó hasta en la decisión del jurado Nobel. Porque si el premio era de literatura, siempre que fue Borges candidato debía recibirlo. Pero el espíritu de la época prefería tal vez premiar la acción sociopolítica de un escritor presentable al universo o su identidad en la tragedia de las luchas populares. Puede esto en humanidad ser más útil que el arte, pero quizá el premio de literatura tuvo, por momentos, la adaptabilidad del premio de la paz. Una numerosa y avasalladora opinión de la época canonizó la amistad con un inteligente tirano socialista con más de treinta años en el mando, y satanizó media hora de entrevista pública con un tirano militar de carrera y aventajado genocida.

La verdadera fama

De la fama mundial de Borges, además del número de lectores y de la proliferación de impresentables clonaciones, queda cierta ganancia neta muy significante. Sucesos como que una enumeración suya da origen al tratado de Michel Foucault sobre *Las palabras y las cosas*. También su presencia en el debate sobre matemática transfinita. ¿La que parte del infinito más uno? En las páginas semifinales de *El retorno de los brujos*, libro de Pauwels y Bergier, muestra un poeta que da la pauta para un debate matemático en la edad atómica, con un relato suyo: "El Aleph". Lo otro es su participación en *El libro que vendrá*, del crítico Maurice Blanchot. Todo esto, con la compañía de Beckett en su confirmación internacional y la traducción y reconocimiento de Caillois, están en lo definitivo para reconocer su valor real. Lo otro son condecoraciones gubernamentales e institucionales, que no siempre dejan en las alturas al trapecista, como pasó con Pinochet y Videla. Integramos aquí, por el beneficio para su obra y los lectores, las colecciones que editó Franco Maria Ricci, orientadas por Borges, y la graciosa como simple expresión del poeta Nobel italiano Eugenio Montale: "Borges mete el mundo en una caja de fósforos".

El hacedor

Entre tanto Poe, Whitman, Jonathan Edwards, Emerson, Cansinos-Asséns, Baruch de Spinoza, Daniel Defoe, el Alquimista, el Forastero, Ulises, san Mateo, san Juan, el tango, la cábala, John Keats, Dante, reúnen sus sombras para construir el libro de Borges más libre de las pesadillas y las contorsiones de excesivo ingenio, el de más inolvidable esplendor: *El otro, el mismo*. Es el momento en que entra en el paraíso de sus pares, los que son él tanto como él es ellos. Desde el reconocimiento en compañía de Samuel Beckett ya

no está en camino sino en reunión con los *makers*, los hacedores, los grandes poetas vivos y muertos de la tierra.

Algunos viajes con Leonor Acevedo

Destacamos, entre los reconocimientos estatales, el del gobierno francés del general De Gaulle, porque fue a pedido del gran novelista y héroe de guerra y trabajador de la cultura, André Malraux. Visitó Lichfield, por el doctor Johnson; Manchester, por De Quincey; Rye, por Henry James; Edimburgo, por su abuela paterna; Hanley, por Arnold Bennet. Declaró que Escocia y Yorkshire son dos de los sitios más bellos de la tierra y que en valles y colinas escoceses llegó a sentirse como en la Patagonia. Viajaron a Madrid, donde pudo ver a su maestro Rafael Cansinos-Asséns, pasaron por París y, en Ginebra, se reencontraron con Abramowicz y Jichlinski.

La fecunda amistad con María Esther Vásquez

Nos hallamos ahora en los días de la ficción de amor y la afortunada amistad con María Esther Vásquez, quien lo asistió en la biblioteca y lo acompañó tanto en sus viajes como en dos indispensables tratados de historia literaria, inglesa y germánica medieval. Sin duda, el poeta estaba enamorado y más que el sobrio y justo testimonio de ella, nos lo revela la dedicatoria del ejemplar "Poema de los dones", que inicia la colección en verso incluida en *El hacedor*. Ella estuvo indecisa mientras apareció el poeta Octavio Armani, quien resultó elegido.

Después se explicó y convenció de sus razones a Leonor Acevedo. Nora también estaba ilusionada y los temores radicaban en la diferencia de edad. Conocemos fotos de ambos en la biblioteca; en Villa Silvina, la hacienda de los Bioy, y en las alturas de Machu Picchu. Ella lo acompañó en viajes aun después de casada y, muerto el poeta, vio desaparecer la dedicatoria del quizá más interesante de sus poemas, por orden de la heredera de los derechos de autor.

El Elogio de la sombra

Borges era una celebridad de sesenta y cinco años, que acababa de realizar una memorable serie de poemas, "Donde está la tarde", que es el propósito de un poeta anónimo en un soneto de *El otro, el mismo.* En realidad está en todo su color y su luz de verano. Después le fue posible sostener la belleza y el misterio y alcanzar un brillo estelar, pero ya nunca un sol como éste. Ya poetizó los otros que le resultaban él mismo y ahora poetiza la sombra. Está más cerca de ti tu propia sombra que los otros que son tú. Recordemos que la clave de la metáfora está en el 'yo es otro', que figura en una foto de Gerard de Nerval y que Rimbaud predicaba de sí mismo. Ahora llega, con un aire de finales de otoño y de pleno invierno, *Elogio de la sombra*, otro libro a la manera de *El hacedor*, con relatos y poemas.

¿Qué o quién es aquí la sombra? Sin duda, la visión perdida, pero también la llegada de los setenta años, que recetaba el rey David como límite conveniente, pero también Ricardo Güiraldes, otra vez Francisco López Merino y James Joyce, a quien dedica un soneto y una invocación, y Thomas de Quincey y su muy predilecto Emerson, el poeta filósofo, que lo acompañará en su libro como una suerte de talismán, en esas pesadillas donde cree que lo van a matar. Asimismo Heráclito de Éfeso y Demócrito de Abdera, quien "se arrancó los ojos para poder pensar", son sombra. También Omar Khayyam, Edward Fitzgerald y su traductor Jorge Guillermo Borges. Los que están más allá de la vida y le fueron identidad, más que otredad en lo mismo. Ha vuelto al verso libre. Retornan los sótanos y se abre con el relato "El etnógrafo", su investigación onírica de la llanura, del bisonte y el coyote, lo que une Norteamérica con Altamira, que está en poemarios posteriores.

La comprobación primera de la Luna en su propio espacio por los astronautas de julio de 1969, la canta exaltado como gran odisea en la postmodernidad. Después, en su poema "La cifra", que titula su penúltimo poemario, su temor se cifra en que la Luna pueda desaparecer alguna vez, como creyó Jorge Guillermo que iba a ocurrir con las carnicerías y los tranvías y las comunidades religiosas. En la primera edición hay un soneto, hoy desaparecido, para una cierta Elsa: "En tu mano está mi mano". Se trata de Elsa Astete Millán, viuda, galanteo de su juventud que un día fue a visitar en La Plata, donde vivía y recibió la noticia de que "Elsita se había casado ayer".

Un matrimonio equivocado y olvidado

Néstor Ibarra lo acompañaba en tales visitas y se casó en primeras nupcias con otra Astete, pero cuando lo visitan con

María Esther Vásquez en París, está casado con una joven científica francesa. Iban a ver a don Pedro Henríquez Ureña y se encontraban con las niñas. Don Quijote Borges se entregó a sublimar su antigua Dulcinea y se precipitó en la tardía boda y la nueva familia, con la viuda y su hijo. Parece que el sentido económico de la nueva sombra era mucho menos generoso que el del poeta y esto movilizó la banca, hasta crear contratiempos. Hay un absurdo como de broma feroz aquí, y el sufrimiento de ambos debió ser grande, pues debemos considerar que era una dama común enlazada con un anciano muy célebre. Ella fue mal vista en casi todo por los admiradores de su nuevo marido y ciertos rasgos de ambición, como el aumento repentino del precio de una conferencia ya comentado, la pusieron fuera de concurso. La leyenda es que Borges dejó toda la instalación matrimonial en manos de ella y, sin hablar de separación de bienes, huyó de vuelta a casa y que el entonces traductor al italiano fue el Sancho del trasteo. Reconozcamos, en justicia con Elsa, que resultaba demasiado soportar la censura de un grupo tan exigente como las amistades de su fugaz y casi irreal marido.

El anecdotario de María Esther Vásquez revela un personaje generoso y que descree de todo mérito propio. Además de la literatura inglesa y la germánica medieval, lo acompañó a congresos de escritores, conferencias universitarias institucionales, visitas de amistad, como donde Ibarra o en la finca del historiador del arte Herbert Read. Insiste en la incomparable impresión que causaban su personalidad y su memoria e inteligencia y recuerda las visitas a la biblioteca de Rodríguez Monegal y Franco Maria Ricci. Refiere el pudor de Borges cuando recibía en pago sumas para él inesperadas y cierto aire de autovergüenza por tanta celebridad, que le resumió en la famosa sentencia: "en los tiempos de bárbaras naciones, de las cruces colgaban los ladrones y en los modernos tiempos de las luces, de los ladrones cuélganse las cruces".

LOS ÚLTIMOS RELATOS

Hay un aspecto expresado en el primer poema de *Elogio de la sombra* que apunta una idea de impracticabilidad del cristianismo, porque para él produce víctimas. El poema termina: "A veces pienso con nostalgia en el olor de esa carpintería". La idea se repite con dos frailes en sus siguientes libros de relatos, *El informe de Brodie* y *El libro de arena*. También un poco en "Fragmentos de un evangelio apócrifo", que intentó en el *Elogio*. Más que gran conocedor, parece gran desconfiado de los Evangelios y del Nuevo Testamento. En el relato "El Evangelio según Marcos" muestra a un joven que lee a bárbaros ingleses aclimatados en su región de lo salvaje, pampa o banda oriental. Los bárbaros analfabetos deciden matarlo, al igual que los judíos y romanos, el candelabro y la loba, al hijo de Dios. En Brodie, en ese país de los viajes de Gulliver, encontramos un fraile impedido en sí mismo de volver a su fe original y en "Undr" de *El libro de arena*, otro fraile viajero vive lo mismo. En realidad Borges admiró las religiones, la teología y la filosofía como elegantes literaturas, y a Dios y el Cristo como personajes e ideas de suprema importancia. Su Dios era el indiferente de Spinoza y el omniconsciente de Berkeley, un poco el Dios como máximo pensamiento de san Anselmo. Su educación manifiesta aquí sus diferencias con la impartida en las escuelas hispánicas y jesuitas. Su agnosticismo, creencia platónica y kantiana en que nada puede saberse bien, era su modo de ser razonable y nunca destilar fanatismo alguno. Su gusto por el sueño gnóstico de la sucesión de dioses creadores desde el hombre hasta el autocreador, que trabajó en "Las ruinas circulares" y en el poema "Ajedrez", tiene alguna lógica, pero mucho más encanto literario. Debemos volver aquí sobre el aspecto mediúmnico de Borges, señalado por la biografía de Estela Canto. Es propio también de la gran poesía, pero es verdad que Borges ve más de lo común en la esencia de las criaturas y las cosas y su tan real como íntima trama. Es también el espacio donde entra en su obra el anuncio o el preludio de un terror inédito, que las monstruosidades de nuestra época no desmienten. Es lo que se desprende de los ya mencionados relatos "El encuentro" y "Juan Muraña". Es el punto donde los sueños suelen entrar en pesadilla. Otra vez el espacio de donde procede la pesa insostenible que Amorim compra en la posada de la selva en "Tlön". Vienen de ahí los espejos velados por la figura de Borges para la chica que enloquece y los tigres azules y los discos también azules. Es también el espacio sobrecogedor y desesperante de la "Utopía de un hombre que está cansado", relato de *El libro de arena* que publicó la editorial Emecé en 1975, y quizá el terror que destila el relato "La memoria de Shakespeare", que titula su último conjunto, pero éste pertenece a la tradición de *El diablo de la botella* de Robert Louis Stevenson, y a las certezas cervantinas acerca de que la lectura toca en el lector estratos más profundos que su sola razón y modifica su conducta sin que se pueda medir cuánto. Por lo demás, lo hecho por Borges al regalar "La memoria de Shakespeare", significa la misma renuncia de Próspero a sus libros de magia en *La tempestad*, el último drama del gran William. Ahí, por 1980, concluyó la aventura relatora de nuestro biografiado.

Relatos como "There Are More Things" o "El libro de arena" nos asoman también a ese terror posible de tamaño planetario, que deja presentir espanto del cosmos. ¿Cuál libro es el libro de arena, cuya sola presencia infama y corrompe lo que existe? Y ¿qué objetos son esos del "There Are More Things" que no parecen pertenecer a un orden de necesidad o posibilidad humanos? Aquí se instala también el terror cifrado en que podría desaparecer algo como la Luna. ¿De cuál objeto impreso es más difícil volver a rescatar el orden de las páginas o una imagen cualquiera? ¿Cuál es el objeto impreso que incluye más monstruosidades en cantidad y sin orden de clasificación posible? Lo que sea, leído el relato "El libro de arena", surgen también preguntas como la de si quemar una edición diaria de prensa terrestre arriesgaría incendiar el planeta o la duda de si le conviene tanto a la humanidad esa reproducción diaria, indiscriminada, de la vida ordinaria. ¿No será más bien como los espejos y la cópula para el heresiarca de Tlön, abominables por multiplicar la realidad?

Pensemos ahora en "Los tigres azules", ese relato que homenajea el recuerdo de Rudyard Kipling y ocurre en el Punjab hindú. Además del particular color azul, ¿qué razón de relación existe entre los discos y los tigres que obsesionan como una pesadilla despierta del expedicionario? Los discos parecen relacionarse y organizarse como en cada nuevo libro lo hace la baraja de obsesiones de Borges, que cada vez muestra otra nueva faceta del poliedro en un distinto grado de color y luz. Supongamos que el tema Juan Muraña provino de discos azules o el tema cuchillo; lo vemos organizarse en forma de texto breve, histórico y filosófico en la página para Margarita Bunge. Lo vemos volverse en un relato de una realidad tan monstruosa como fascinante, donde una viuda se convierte en su marido muerto y criminal al contacto con el cuchillo de éste. Otra vez surge en "El encuentro", donde dos cuchillos vivientes que fueron armas de matones famosos, entreveran desde su más allá dos muchachos frívolos, que juegan al truco y por esto muere uno de los dos. También lo vemos organizado en forma de soneto. Así podemos seguir la presentación y representación de sus temas con diversas formas y tamaños, como se rehace la pesadilla de El Aleph en cada uno de los relatos del mismo libro. ¿Pero los tigres? ¿Dónde, en el entorno de Borges, hay una multitud de color azul cuya presencia pueda significar la muerte y desaparición de la víctima? Porque es verdad también que en lo real hay tigres de distinto color del americano y del de bengala. Pero, ¿qué grupos pueden ser metáforas de tigres entre las instituciones y sociedades humanas?

La monstruosidad de sus relatos suele resultar un acierto crítico sobre la verdad real. Pero, en ocasiones, el entusiasmo lo precipitó en la alborozada justificación de acciones promovidas por ciertos pueblos de su gusto poético, como los israelitas, cuyo triunfo de la guerra de los seis días contra Egipto cantó, sin medir los excesos políticos y militares del pueblo hebreo, desde la última fundación del Estado de Israel.

La experiencia académica también le proporcionó aventuras relatables, y la más importante y que marcó decisivamente su destino final es la de Javier Otálora, viejo profesor de la Universidad de los Andes, con la joven Ulrika. Los otros, "Guayaquil" y "El soborno", vuelven sobre la voluntad según Schopenhauer el primero y el otro sobre su idea nietzscheana de que el bien puro y virtudes como la imparcialidad, llevadas al extremo, pertenecen a la soberbia. Ya lo expresó en sus "Fragmentos de un Evangelio apócrifo" en *Elogio de la sombra*.

Los últimos poemarios y Borges, el otro

Giovanni Papini escribió en su *Escala de Jacob* que "la fama es el castigo de la edad adulta por tu vanidad de juventud". Me parece que sus últimos relatos y poemas, bellos en extremo, oscilan entre la melancolía de la desesperación y el deseo de morir. No debe extrañarnos: Kafka escribió en su diario que la escritura de *Don Quijote* es también un continuo aplazamiento del suicidio por parte de Cervantes. Borges se controlaba con la certeza de que un poeta debe soportarlo todo y que la desgracia es también humanidad real y profunda y tema de la poesía, sobre todo cuando el poeta se ha propuesto, como pensaba Borges de Whitman, ser un hombre que es todos los hombres. Estos últimos libros de poesía y prosas poéticas que perfeccionan la forma de *El hacedor*, vuelven sobre sus temas de siempre: Schopenhauer, Spinoza, Whitman, Emerson, las lenguas sajona e islandesa, cada vez en otro nuevo grado de profundidad y con una luz distinta, que hemos llamado estelar. La cueva de sus arquetipos revela otra faz de los mismos y cada nuevo libro es otro peldaño hacia abajo en busca de la clave de la sombra, y otro peldaño hacia arriba para ver más en la noche del cielo. Surgen revelaciones deslumbrantes como el hecho de que el ciego puede ver en los sueños. Hay un poema sobre un rojo rey nórdico, también ciego, que Borges dijo haber vivido como pesadilla. El gaucho y Buenos Aires y Norteamérica y Francia y los poetas de su juventud, Lafinur y Francisco Luis Bernárdez; también están Alfonso Reyes y Pedro Henríquez Ureña y el Dios gnóstico y el Dios de Berkeley y la Utopía.

"El oro de los tigres" abre con Schopenhauer y Whitman y menciona a este último tres veces en páginas seguidas. Estamos siempre en el poeta de los primeros tiempos viendo más en el bosque de su propiedad, en su sala de las estatuas. Esto en el libro. En la vida pública, asistimos al poeta reconocido y premiado por academias, gobiernos y aun por amigos personales, suerte que, como sabemos, tuvo siempre. En el libro, el poliedro se acrisola, las letras se vuelven de oro sobre una página negra. El poeta de "El oro de los tigres" es, como el poeta chino del poema de David Jerusalem, Tsé Yang, pintor de tigres. Pero también como Tzinacán, el mago quiché o maya de su "Escritura del Dios", quien lee prisionero en la cisterna de la profunda noche el mensaje de Dios en el orden de relación de las rayas del tigre de Bengala o en las manchas del jaguar americano.

En "La moneda de hierro" hay presente algo como el horror de la blancura, del cual habló en su ensayo sobre la no-

lealtad con Heine, Verlaine y Hugo. En 1980 España lo premió con el Cervantes, compartido con el poeta Gerardo Diego. Islandia, país isla constante de su poesía, lo condecoró con la Cruz del Halcón. También España le confirió la Gran Cruz de Alfonso x el Sabio, como si no pudiera menos que reconocer al más severo crítico de su literatura en la historia del idioma, al menos la de los siglos xix y xx. En 1983 recibió el premio T. S. Eliot, que es como la confirmación de su pertenencia al parnaso de la poesía moderna, y la editorial Novecento le regaló en Italia una gran rosa de oro, tal vez la que buscaba desde sus primeros poemas y la que entrevió, ciego, durante su obra y en su poema "La rosa profunda". Allí pudo visitar a su admirador, el poeta Eugenio Montale. En alguno de estos viajes, hacia 1977, pudo hospedarse, en París, en el hotel donde murió exiliado Oscar Wilde. En el mismo año publicó "Historia de la noche" y "Adrogué", antología de trece poemas ilustrados por su hermana con dibujos que representan a María Kodama, a Elvira de Alvear y a Susana Bombal.

La menos deseable de aquellas invitaciones fue para recibir el Premio Bernardo O'Higgins, pues lo confería Pinochet, quien lo atrapó a su paso por Santiago de Chile. Este políglota autodidacta, bachiller ginebrino, que no necesitó estudios institucionales y fue más profesor que alumno en su vida, fue distinguido con doctorados honoris causa de las universidades de Michigan, Columbia, Cincinnati, Madison, Oxford, Roma, Tokio e Iraklión. Pareciera que sólo le negaron el Premio Nobel de Literatura, que es, para todos los lectores y todos los que ignoran este arte, el mayor emblema consagratorio.

La lista de temas de conferencia con que respondió varios de los honores e invitaciones también es una cifra de sus preferencias principales: Whitman, Dante, Kafka, Swedenborg y la poesía gauchesca, entre otros. Pensaría, en sus incertidumbres, que era grande también la lista de los excluidos del Nobel, y que en ella lo acompañaban maestros suyos como Joyce, Kafka y Chesterton.

María Kodama, quien aparece para acompañarlo por indicación de su asistente doméstica Epifanía Úveda de Robledo, acabará convertida en la heredera universal de los derechos de autor del poeta. Su firma lo acompaña en una *Breve antología anglosajona*, y él llegó a dedicarle tres libros: *La historia de la noche*, *La cifra* y aquel *Atlas* que se publicó en 1984. Para sus simples lectores, como el autor de esta biografía, la pareja causaba con su imagen un efecto encantador, que hacía ver al poeta como una suerte de Lewis Carroll con su Alicia visitando, ahora, las maravillas del mundo. La diferencia de las edades no era tanta como parecía, sino casi la misma que hubo en la última pareja de su par y gran amigo Julio Cortázar, poco más de treinta años. Ella tendría cincuenta cuando él murió. Japonesa por el padre y judeoespañola por la madre, representa una suerte de cifra de esas convergencias un poco forzadas entre razas diversas, que Borges trata de integrar en páginas como "El jardín de senderos que se bifurcan". Hoy se muestra, entre perplejos y especialistas, como el eco del imperio literario de Borges.

Para sus amigos, esta relación que pudo emparejarlo hasta su muerte parece haber sido un gran desconcierto. Significó el definitivo apartarse de la familia para el poeta y también de leales y fecundos amigos como los Bioy, Vlady Kociancich y María Esther Vásquez, quien prodiga interrogantes preciosos sobre los días finales de Borges. Ella presenta como injustificable para familia y amigos la campana de cristal hermética que Kodama erigió para acompañar a Borges y recibir todos sus bienes, pero sobre todo el trato que algunos socios de Kodama dieron a Epifanía Úveda de Robledo, Fanny, la asistente doméstica de Leonor Acevedo y su hijo por más de tres décadas. Todo porque sabían cuánto apreció el poeta su especial inteligencia y buenos servicios y estaban seguros de que los allanamientos e inventarios realizados en su casa, los desconocía Borges desde Ginebra. Kodama quiso identificarse para el mundo con la imagen de la Ulrika del relato y parece haberlo considerado siempre como el Javier Otálora, profesor de la Universidad de los Andes, inesperadamente requerido por un amor juvenil: La tumba de Borges está marcada por los símbolos de aquel relato y quiere ser en el espacio del mundo algo como la respuesta de una joven oriental, de la edad de Ulrika, a Otálora, el autor del relato, que murió convertido en su marido.

Por lo que sea, Ginebra para morir y enterrarse resulta símbolo más propio que la Recoleta de Buenos Aires, en las aspiraciones de Borges de ser un ciudadano del mundo y aun del cielo, como esperaba ser Herman Melville. Ginebra significa la cifra de su adolescencia y de la época más laboriosa en su formación en letras y lenguas. Fue también el núcleo privilegiado en el espacio, dentro de los conflictos bélicos, por la humanidad culta del siglo xx. Aparte de que su último poema, que lleva el título de su libro final, *Los conjurados,* ha ocurrido y ocurre y puede seguir ocurriendo desde el espacio ginebrino. La obra de Borges finalizó con el mejor Borges, el utopista, el consagrado en sociedad, en conjura, a la construcción de una vida mejor.

CRONOLOGÍA

1899: El 24 de agosto nace Jorge Francisco Isidoro Luis Borges en la casa de sus padres, Jorge Guillermo Borges y Leonor Acevedo, situada en la calle Tucumán de Buenos Aires.

1905: Recibe sus primeras instrucciones de la institutriz inglesa miss Tink, quien les lee, a él y a su hermana, a Wells, Poe, Longfellow, Stevenson, Dickens, Cervantes (en inglés), Carroll, Mark Twain y *Las mil y una noches*. Hace sus primeras prácticas de escritura: un resumen de mitología griega y *La visera fatal*, sobre un tema de *El Quijote*.

1910: Traducida al español aparece en *El País* de Buenos Aires una versión suya de *El príncipe feliz*, de Oscar Wilde. Firma como Jorge Borges, hijo.

1914: El 3 de febrero la familia Borges viaja a Europa. Visitan París y Londres. El 4 de agosto estalla la Primera Guerra Mundial y la familia se instala en Ginebra. En esa ciudad, ingresa al Liceo Juan Calvino a estudiar el bachillerato. Estudia francés y, por su cuenta, aprende alemán. Toma clases de latín con un clérigo. Escribe versos en francés.

1919: Al finalizar la Primera Guerra Mundial, la familia realiza un viaje por España. Conoce en Sevilla a los poetas del ultraísmo. Colabora con las revistas *Ultra*, *Hélices* y *Cosmópolis*. Publica su poema "Al mar".

1921: La familia Borges retorna a Buenos Aires. Jorge Luis descubre su ciudad natal, a la que comienza a mitificar e idealizar. Conoce al escritor Macedonio Fernández y asiste a sus veladas literarias. Aunque comienza a descreer del ultraísmo, interviene con Fernández en la fundación de la revista ultraísta *Proa*, que se publica en 1922 y 1923.

1923: Se relaciona con el poeta Oliverio Girondo y con otros escritores del grupo vanguardista Martín Fierro. Edita los poemas de *Fervor de Buenos Aires*, su primer libro. En julio la familia Borges emprende otra vez un viaje a Europa.

1925: Publica el libro de poemas *Luna de enfrente*. Conoce a Victoria Ocampo, editora de la revista *Sur*.

1926: Publica, en colaboración con los escritores Vicente Huidobro, de Chile, y Alberto Hidalgo, de Perú, el *Índice de la nueva poesía americana*, donde aparecen nueve poemas suyos. Edita el libro de ensayos *El tamaño de mi esperanza*, que tiempo después eliminaría de sus *Obras completas*.

1927: Se estrena como conferencista en los salones del diario *La Prensa*. Pese a su juventud, es operado de cataratas. Conoce a Pablo Neruda y a Alfonso Reyes. Publica en la revista *Nosotros* la primera versión de su poema "Fundación mítica de Buenos Aires", que aparecerá en 1929 en su libro *Cuaderno San Martín*. Publica en la revista *Martín Fierro* su relato "Leyenda policial".

1928: Publica "El idioma de los argentinos", que, pese a haber sido premiado, no incluirá en sus *Obras completas*.

1929: Edita *Cuaderno San Martín*, libro de poemas que gana el II Premio Municipal de Poesía de Buenos Aires.

1930: Publica *Evaristo Carriego*, biografía del poeta porteño.

1931: Comienza a trabajar en *Sur,* la revista dirigida por Victoria Ocampo, como miembro del consejo de redacción.

1932: Edita *Discusión,* libro de ensayos. Conoce a Adolfo Bioy Casares, junto a quien publicaría muchos textos. Al lado de Ulises Petit de Murat, dirige el suplemento cultural del diario *Crítica.* Conoce a Federico García Lorca, quien se hallaba en Buenos Aires para el estreno mundial de *La casa de Bernarda Alba.*

1935: Publica *Historia universal de la infamia.*

1936: Edita los ensayos de *Historia de la eternidad.* Inicia en *El Hogar* la publicación de su columna "Libros y autores extranjeros". Para *Sur* traduce *Un cuarto propio,* de Virginia Woolf.

1937: En colaboración con Pedro Henríquez Ureña, publica *Antología clásica de la literatura argentina.* Traduce *Orlando,* otra obra de Virginia Woolf.

1940: Publica *Antología de la literatura fantástica* en colaboración con Bioy Casares y Silvina Ocampo, de cuya boda es padrino en ese mismo año.

1941: Traduce *Un bárbaro en Asia,* de Henri Michaux, y *Palmeras salvajes,* de William Faulkner. Publica *El jardín de senderos que se bifurcan.* En colaboración con Bioy Casares y bajo el seudónimo 'H. Bustos Domecq', edita *Dos fantasías memorables.*

1942: Como "El jardín de senderos que se bifurcan" no obtiene el primero, sino el segundo lugar en el Premio Nacional de Literatura, *Sur* dedica su número 94, editado en julio, a desagraviar a Borges; allí aparecen textos que protestan por la decisión del jurado, firmados por intelectuales como Enrique Amorim, Adolfo Bioy Casares, Eduardo Mallea, Ernesto Sábato y Pedro Henríquez Ureña.

1944: Publica *Ficciones,* una de las obras cumbres de la literatura del siglo XX, que incluye "El jardín de senderos que se bifurcan" y "Artificios", otro volumen de relatos.

1945: *Ficciones* recibe el Gran Premio de Honor de la Sociedad Argentina de Escritores.

1946: En colaboración con Bioy Casares, edita *Dos fantasías memorables* y *Un modelo para la muerte.* Por manifestarse contra Juan Domingo Perón, quien gobernaba en Argentina, y a favor de la democracia, se ve obligado a renunciar a su empleo de bibliotecario.

1949: Aparece *El Aleph,* su segunda obra maestra.

1950: Es designado presidente de la Sociedad Argentina de Escritores. Comienza a enseñar literatura inglesa.

1951: *Ficciones* es traducido al francés y editado en París. Publica en México *Antiguas literaturas germánicas* y en Buenos Aires *La muerte y la brújula,* una antología de textos.

1952: Publica su volumen de ensayos *Otras inquisiciones.* Es encargado de despedir los restos de Macedonio Fernández. Edita en París *Labyrinths,* bajo el cuidado del narrador y ensayista francés Roger Caillois.

1953: Renuncia al cargo de presidente de la Sociedad Argentina de Escritores. Comienza la edición de sus *Obras completas.*

1954: Publica *Poemas* (1923-1953).

1955: Caído Perón, es nombrado director de la Biblioteca Nacional. Es elegido miembro de la Academia Argentina de Letras. En colaboración con Bioy Casares, escribe dos guiones cinematográficos, *Los orilleros* y *El paraíso de los creyentes.*

1956: Es designado catedrático titular de literatura inglesa y norteamericana en la Facultad de Filosofía y Letras de la Universidad de Buenos Aires. Recibe el Premio Nacional de Literatura y el doctorado honoris causa de la Universidad de Cuyo.

1960: Se afilia al Partido Conservador. Edita *El hacedor.*

1962: Obtiene el Gran Premio del Fondo Nacional de las Artes.

1964: Publica *El otro, el mismo.* La revista literaria francesa *Cahiers de L'Herne* le dedica un número monográfico que incluye ensayos sobre su obra escritos por autores de muchas nacionalidades.

1965: Publica *Para las seis cuerdas,* conjunto de milongas a las que pone música Astor Piazzola.

1967: El 21 de septiembre, a los sesenta y ocho años, se casa con Elsa Astete Millán, novia de su juventud, viuda reciente. Vive con ella hasta octubre de 1970. Publica, en colaboración con Bioy Casares, *Crónicas de Bustos Domecq.* Edita *Obra poética (1923-1967).* Enseña en la Universidad de Harvard como profesor invitado.

1969: Edita *Elogio de la sombra.* Traduce *Hojas de hierba,* de Walt Whitman.

1970: Publica *El informe de Brodie*. Obtiene el divorcio de Elsa Astete Millán. Logra el Premio de Literatura de la Bienal de São Paulo. Sale al mercado su autobiografía en inglés. *Il Corriere della Sera* realiza una encuesta donde Borges aparece en el primer lugar como el escritor señalado para obtener el Premio Nobel de Literatura.

1971: Las universidades de Oxford y de Columbia le otorgan el doctorado honoris causa.

1972: Publica *El oro de los tigres*. La Universidad de Michigan le concede el doctorado honoris causa.

1973: Es nombrado 'ciudadano ilustre' de Buenos Aires.

1974: Publica la primera edición en un solo tomo de sus *Obras completas*. Edita *El libro de arena* y *La rosa profunda*. Fallece su madre a los noventa y nueve años. María Kodama se convierte en su asistente y compañera de viajes.

1976: Junto a otros intelectuales acude a una recepción en la Casa Rosada, sede del gobierno presidido por el dictador Jorge Rafael Videla. Publica *La moneda de hierro* y *El libro de los sueños*.

1977: Edita *Historia de la noche* y, en colaboración con Bioy Casares, *Nuevos cuentos de Bustos Domecq*.

1980: Publica *Siete noches*. Compartido con Gerardo Diego, obtiene el Premio Cervantes de literatura. Firma, junto a otros intelectuales, una carta abierta donde se pide cuenta de los desaparecidos.

1981: Aparece su libro de poemas *La cifra*.

1982: Edita *Nueve ensayos dantescos*. Critica al gobierno argentino.

1983: En España, recibe la Gran Cruz de Alfonso x El Sabio. Interviene en algunos cursos de la Universidad Internacional Menéndez Pelayo. Publica *23 de agosto de 1983 y otros cuentos*.

1984: En colaboración con María Kodama, publica *Atlas*.

1985: Sale a la luz *Los conjurados,* su último libro.

1986: El 26 de abril se casa con María Kodama. El 14 de junio muere en Ginebra. Es sepultado en el cementerio de Plain Palais.

OBRAS

Fervor de Buenos Aires (1923)
Luna de enfrente (1925)
Cuaderno San Martín (1929)
Evaristo Carriego (1930)
Discusión (1932)
Historia universal de la infamia (1935)
Historia de la eternidad (1936)
Antología clásica de la literatura argentina (en colaboración con Pedro Henríquez Ureña) (1937)
Antología de la literatura fantástica (en colaboración con Bioy Casares y Silvina Ocampo) (1940)
El jardín de senderos que se bifurcan; Dos fantasías memorables (en colaboración con Bioy Casares) y *Antología de la poesía argentina* (en colaboración con Bioy Casares y Silvina Ocampo) (1941)
Poemas (1922-1943) (1943)
Ficciones (1944)
Dos fantasías memorables y *Un modelo para la muerte* (ambas en colaboración con Bioy Casares) (1946)
El Aleph (1949)
Antiguas literaturas germánicas (en colaboración con Delia Ingenieros); *Los mejores cuentos policiales* (en colaboración con Bioy Casares) y *La muerte y la brújula* (1951)
Otras inquisiciones y *Labyrinths* (1952)

Poemas (1923-1953) (1954)

Los orilleros y *El paraíso de los creyentes* (dos guiones cinematográficos en colaboración con Bioy Casares) (1955)

Poemas (1923-1958) (1958)

El hacedor (1960)

El otro, el mismo (1964)

Para las seis cuerdas (1965)

Crónicas de Bustos Domecq (en colaboración con Bioy Casares), y *Obra poética (1923-1967)* (1967)

Nueva antología personal y *Manual de zoología fantástica* (1968)

Elogio de la sombra (1969)

El informe de Brodie (1970)

El oro de los tigres (1972)

Obras completas; El libro de arena (1974)

La rosa profunda (1975)

La moneda de hierro y *El libro de los sueños* (1976)

Historia de la noche y *Nuevos cuentos de Bustos Domecq* (en colaboración con Bioy Casares) (1977)

Siete noches (1980)

La cifra (1981)

Nueve ensayos dantescos (1982)

23 de agosto de 1983 y otros cuentos (1983)

Atlas (1984)

Los conjurados (1985)

BIBLIOGRAFÍA

Anderson Imbert, Enrique, *Historia de la literatura hispanoamericana*, Fondo de Cultura Económica, México, 1974.

Barnatán, Marcos Ricardo, *Borges, biografía total*, Editorial Temas de Hoy, Madrid, 1995.

Bioy Casares, Adolfo, *La otra aventura*, Editorial Galerma, Buenos Aires, 1968.

———, *A la hora de escribir*, Editorial Tusquets, Barcelona, 1968.

Borges, Jorge Luis (con Norman Thomas di Giovanni), *Autobiografía (1899-1970)*, El Ateneo, Buenos Aires, 1999.

———, *Obra poética*, 20a ed., Emecé, Buenos Aires, 1989.

———, *Obras completas*, 19a ed., Buenos Aires, 1993.

———, *Obras completas en colaboración*, Alianza Editorial, Madrid, 1981.

———, *El tamaño de mi esperanza*, Espasa-Calpe, Buenos Aires, 1993.

———, *Biblioteca personal*, Alianza Editorial, Madrid, 1988.

Canto, Estela, *Borges a contraluz*, Fondo de Cultura Económica, México, 1994.

Henríquez Ureña, Pedro, *Las corrientes literarias en la América hispánica*, Fondo de Cultura Económica, México, 1969.

Fernández, Macedonio, *Museo de la novela de la eterna*, Centro Editor de América Latina, Buenos Aires, 1969.

Meyrink, Gustavo, *El cardenal Napellus*, Ediciones Siruela, Madrid, 1984.

Teitelboim, Volodia, *Los dos Borges*, Editorial Hermes, México, 1977.

Vásquez, María Esther, *Borges, esplendor y derrota*, Editorial Tusquets, Barcelona, 1996.

SUMARIO

Este libro se terminó de imprimir en el mes de enero

del año 2005 en los talleres bogotanos

de Panamericana Formas e Impresos S.A.

En su composición se utilizaron tipos

Sabon, Bodoni Poster y Akzidens Grotesk

de la casa Adobe.